이토록 멋진 지구의 아이들

추천의 글

우주에서 가장 아름다운 행성 지구가 사나워지고 있습니다. 무분별한 인간 활동으로 지구는 뜨거워지고, 이로 인한 기후위기는 결국 인간에게 되돌아오고 있습니다. 다음 세대에 물려줄 지구, 지금 이대로 괜찮을까요? 티핑포인트 1.5℃를 넘기지 않으려면 모두가 각자의 자리에서 지금 바로, 무언가를 해야만 합니다.

생태전환교육은 이 지구에서 살아가는 지금의 우리에게, 미래 세대에게 꼭 필요한 교육입니다. 미래 세대가 될 우리 아이들이 인간과 자연의 공존, 지속가능한 생태문명을 위해 생태감수성을 갖추고 지구 생태계 내에서 조화로운 삶을 살아가기 위해 적극적으로 행동해 나가는 지구생태시민이 되도록 하는 교육입니다.

『이토록 멋진 지구의 아이들』은 교실에서 바로 실천하고 삶에서 당장 행동할 수 있는, 쉽지만 꼭 필요한 내용이 담겨 있습니다. 그리고 무엇보다 아이들의 일기에는 아이들의 변화와 그로 인해 달라지는 가정, 지역사회의 모습이 녹아 있습니다. 아이들 스스로 비닐봉지를 어렵게 거절하고 용기를 내미는 '용기내 프로젝트'를 진행함으로써 자아존중감을 높여갔습니다. 또, 아이들이 학교에서 '잔반 줄이기 프로젝트'나 '학교 옷장 프로젝트'를 진행하면서 다른 아이들에게 선한 영향력을 전했습니다.

아이들은 관습으로 굳은 어른들의 행동도 바꾸었습니다. 가정에서 비건 김밥을 만들며 동물권에 대해 생각해 보게 하였고, 어린이날 부모님과 동네 줍깅을 하며 어른들이 미래 세대를 위한 진정한 실천을 할 수 있도록 하였습니다. 그뿐 아니라 지역 이웃, 관계 단체와 함께한 한 시간 전등 끄기, 조류 충돌 저감 스티커 붙이기는 아이들의 작은 행동이 큰 물결로 번져 나감을 실감케 합니다. 여기서 한 발 더 나아가 담배꽁초 어택 활동은 기업의 사회적 역할을 촉구하는 적극적인 실천이 되었습니다.

앎과 삶이 일치하는 생태전환교육에 뜻을 둔 선생님, 학교에서는 진행되는 생태전환교육이 궁금한 학부모님, 다른 친구들의 기후행동이 궁금한 아이들, 그리고 이토록 아름다운 지구를 사랑하는 모든 사람들에게 이 책은 그 의지를 다지고 행동에 나설 수 있도록 합니다.

교실에서 시작하는 푸른 지구 만들기는 생태전환교육으로 가능합니다. 작은 아이가 지구생태시민으로 자라기까지 어떤 노력이 필요할까요? 무엇을 배우고 어떤 것을 실천하면 좋을까요? 작지만 확실한 행동, 작은 행동이 큰 물결을 일으키는 모습이 궁금하신 모든 분들에게 이 책을 추천합니다.

김철환 경상남도교육청 미래교육국 기후추진단 단장

인류가 지구 밖으로 나가서 지구를 보고, '아! 우리가 저기에 살고 있었구나'라고 생각하게 된 것은 고작 60여 년 정도에 불과합니다. 우리가 하나뿐이고 유한한 지구라는 별에 살고 있는 '지구인'이라는 자의식을 갖는 것은 도전과 같습니다. 이 쉽지 않은 여정을 이어가기 위해서는 좋은 길동무가 필요합니다. 바로 지도와 나침반 역할을 해 줄 책이지요.

『이토록 멋진 지구의 아이들』에는 여러 가지 미덕과 장점이 있는데, 그 첫 번째는 주제의 다양성입니다. 에너지, 자원순환, 먹거리뿐만 아니라 숲, 새, 벌 등 다양한 주제는 매월 진행되는 환경의 날 활동과 밀접하게 연결되어 있습니다.

둘째, 지구적 수준의 환경문제를 학생들의 구체적인 생활 장면과 연결 짓고 있습니다. 지나치게 지구적인 문제만 다루거나, 반대로 지역적인 주제만 다루지 않고 있어 학생들에게 환경 활동이 일상화되도록 합니다.

셋째, 학생들을 변화의 대상이 아니라 주체로 인식하여, 학생들 스스로 기후 행동에 나서도록 이끕니다. 무엇이 정말 지구와 생명을 돌보는 활동인지 학생 스스로 계속 묻고 판단하고, 행동할 수 있도록 돕습니다. 2022 개정 교육과정에서 강조하고 있는 학습자 행위주체성을 키워 가는 출발점이라 할 수 있습니다.

기후위기와 환경재난의 시대에 이제 우리 교사들은 아이들이 지구생태 시민으로 거듭날 수 있도록 도와야 할 책임을 맡게 되었습니다. 저자의 경험과 성찰이 고스란히 녹아 있는 이 책은, 의지가 있지만 무엇부터 출발해야 할지 막막해하는 교사들에게 많은 영감과 아이디어를 줄 것입니다.

이재영 공주대학교 환경교육과 교수

우리 아이들의 마음으로 지구를 바라본다면 지금 우리가 할 수 있는 일은 정말 많을 것입니다. 하지만 무엇을, 어디서부터 시작해야 할지 고민하는 교사들에게 이 책은 교실에서 시작하는 열두 달 생태전환교육의 한 방법을 제시하며, 나아가 기후위기에 맞서 기후행동에 나서는 사람들을 위한 지침이 됩니다.

5월 20일 벌의 날과 5월 22일 생물다양성의 날엔 벌 집사가 되어 보는 것은 어떨까요? 아이들과 함께 야생벌과 곤충을 위한 마음을 담아 따뜻한 쉼터를 만들어 보는 것이지요. 지구와 함께 더불어 살아가는 공존의 지혜를 어렵게 말하지 않아도 자연스럽게 아이들 마음 한쪽에 깊이 뿌리내릴 것입니다. 또 용기내 프로젝트나 기업(KT&G)에 기후행동을 촉구하는 편지 쓰기 활동은 2022 개정 교육과정에서 핵심 역량으로 제시하는 학생주도성과 변혁적 역량을 기를 수 있는 소중한 체험이 될 것입니다.

그리고 새하얗지만 불편한 물티슈와 이별하고, 일회용 플라스틱 봉지를 거절하는 것은 앎이 삶이 되는 교육의 첫걸음이 될 것입니다. 기후행동이란 말은 쉽지만 행동은 어려운 일임을, 그럼에도 습관이 되면 쉬운 일이었음을 아이들 스스로 느끼게 할 것입니다.

기후위기를 타개하기 위한 지침서로 가정에서 자녀와 함께, 교실에서 학생들과 함께 이 책을 읽어보길 권합니다. 작은 한 걸음이지만 나비효과를 일으켜 큰 변화를 가져올 것입니다. 그렇게 우리 아이들의 작은 한 걸음이 세상을 바꿔 나갈 것입니다.

정대수 녹색교육연구소 소장

우리가 풍요를 누릴수록 지구가 앓고 있습니다. 지구의 안녕을 물어보지 않는 사이 지구가 많이도 달라졌습니다. 투발루의 작은 섬들은 바닷속에 잠기고, 오랫동안 봉인되어 있던 영구동토층이 녹고 있으며, 탄소저장고인 아마존의 숲이 점점 사라지고, 해양 생태계의 움직임도 달라졌습니다. 우리의 지구, 이대로 괜찮을까요? 지금의 아이들, 미래 세대를 살아갈 아이들에게 우리 어른은 어떤 변명을 할 수 있을까요?

지구 사정이 안타까운 아이들이 나섰습니다. 교실에서 시작하는 푸른 지구 만들기에 스스로 동참하고, 자신의 생활 방식을 바꾸기 시작했습니다. 교실에서의 생태전환교육은 아이들이 올바른 방식으로 지구를 사용하고, 지속가능한 삶을 살 수 있는 방법을 알려 주었습니다. 여기서 나아가 아이들은 가정에서 배운 내용을 실천을 통해 몸소 보여 주었고, 지역사회로 흩어져 기후위기를 외쳤습니다.

교실에서의 생태전환교육은 지금의 아이들이자 미래의 어른들이 반드시 실천해야 하는 교육입니다. 아이들은 결코 작지 않습니다. 이 중 누군가는 지구를 보호하는 정책을 만들 것이고, 온실가스 감축을 위한 아이디어를 낼 것이며, 스스로 지구생태시민이 되어 올바른 방식으로 지구의 풍요를 누릴 것입니다.

그러하기에 생태전환교육은 지금 당장 이루어져야 하고, 교사라면 누구나 시작해야 하는 교육입니다. 이 책은 그런 이야기를 담았습니다. 우리가 아이들처럼 한 뼘의 지구만 생각한다면 티핑포인트를 지킬 수 있을 것입니다. 생태전환 교육을 시작하고 싶은 모든 교사분들, 아이들이 일으키는 작은 행동 큰 물결이 궁금한 학부모님들, 그리고 지구를 사랑하는 누구나가 쉽게 읽고, 삶에서 실천할 수 있는 내용이 담겨 있습니다.

잠시 우리의 속도를 멈추고 지구의 숨소리를 들으며 지구의 안녕을 물어 볼 준비가 되었다면 생태전환교육, 지금 시작해도 늦지 않습니다. 우리 아이들이 기후위기에 스스로 대응하고, 올바른 기후시민으로 성장해 지구생태시민으로 자라나길 바란다면, 여러분들의 교실에서, 가정에서, 사회에서도 작은 행동 큰 물결이 일어나길 소망합니다.

김지연 구암고등학교 교장

이 책은 자신의 일상생활에서 지구 살리기를 직접 실천하고 있는 한 교사가 자라나는 미래 세대와 함께 여러 해 동안 실천한 내용들이 담겨 있습니다. 교실에서 실천할 수 있는 소소한 것에서부터 마을과 연계한 다양한 프로젝트 활동들이 구체적으로 안내되어 그동안 환경교육을 망설이고 있던 교사들의 실천 의지를 이끌어 내기에 충분합니다. 환경을 사랑하는 한 교사의 선한 영향력이 미래 세대에게 전달되어 누구나가 환경운동가가 되는 그날을 기대합니다.

이영미 북면초등학교 교감

어떻게 하면 지구를 더 사랑할 수 있을까를 치열하게 고민하고, 교실에서, 자기 삶에서 아이들과 함께 실천하는 저자의 노력이 오롯이 담겨 있는 반가운 책입니다. 더불어 열두 달 환경일기에 담긴 아이들의 생생한 목소리에 부끄러우면서도 한편 조금씩 성장하는 아이들이 대견하게 느껴집니다. 이 책은 일상의 불편함에 주저하고 환경교육의 시작을 망설이는 이들의 물음표를 느낌표로 바꾸기에 충분할 것입니다.

김경화 경상남도교육청 정책조정담당 장학사

배움은 삶에 적용할 때 가장 배움의 가치가 있습니다. 그리고 삶에서 배움을 찾는 것이 진짜 공부입니다. 생태전환교육이라는 주제로 아이들과 함께한 생태환경수업이 아이들에게는 최고의 배움이 될 것입니다.

이 책을 선생님이 읽는다면 생태전환교육의 필요성을 느낄 것이며, 아이들과 학부모들이 읽는다면 생활 곳곳에서도 지구를 위해 할 수 있는 일이 있다는 것을 알게 될 것입니다. 그렇게 학교와 가정, 지역사회 구성원 모두가 환경 활동을 실천함으로써 환경감수성을 가진 생태시민이 될 것입니다. 이 책이 학생, 학부모, 교사 모두에게 생태전환교육의 길라잡이가 될 것을 기대합니다.

변찬진 도천초등학교 교사, 『가르치는 기술』 저자

'아이들과 함께 실천하는 생태환경교육자', 저자는 생태전환교육의 실천과 확산을 삶의 가치로 두고 학교에서 학생들과, 지역사회에서 시민들과 함께 부단히 노력하고 있습니다. 이 책에는 그 삶의 가치가 고스란히 녹아 있습니다. 용기내 프로젝트, 꽁초 어택 캠페인, 비건 쿠키 만들기 활동 등 '나도 학생들과 한 번 해 보고 싶다.'는 생각이 절로 드는 프로젝트가 많이 있습니다.

'기후행동, 어떻게 해야 할까?' 고민하는 교사분들과 학부모님들에게 이 책을 추천합니다. 마지막 페이지를 읽고 나면 물음표가 느낌표로 바뀌며, 당장 시작해야겠다는 의지가 생겨날 것입니다. 그 시작들이 모인다면 우리가 아끼는 이 지구를 지켜나갈 수 있을 것입니다.

권동혁 창원과학고등학교 교사

아이들의 생기 있는 실천은 어른들의 메마른 관념을 부끄럽게 합니다. 거창한 기후위기 담론은 누구나 말할 수 있지만 일상으로 이어가는 운동은 어렵기 때문입니다. 언제든 뒤집힐 선언이 아니라 삶의 양식을 조금씩 바꿔 나가는 아이들의 태도가 기후위기를 돌파할 해답이라고 확신합니다.

이 책은 생명을 오롯이 만날 줄 아는 아이들이 어른들에게 내미는 손과 같습니다. 나부터, 우리부터 달라지자고 초대하는 작은 손길을 굳게 맞잡을 어른들에게 이 책을 권합니다.

이수연 기후위기 전문매체 「뉴스펭귄」 기자

이 책은 지구를 지키는 영웅들에 대한 이야기입니다. 열두 달 동안 실천해 온 열일곱 가지의 환경 활동들을 상세히 담고 있습니다. 물론 단순한 활동 전달에만 그치지 않습니다. 교실에서, 가정에서 환경을 위한 실천을 하려면 어떻게 접근하면 될지 역시 세심하게 소개하고 있습니다. 이를테면 지구촌 전등 끄기의 날을 맞아 전등을 끄기 전 어떤 책을 아이들과 함께 읽으면 좋을지, 전등을 끈 후 어떤 대화를 나누면 좋을지 전합니다. 환경을 위한 실천의 씨앗 심기인 셈이지요.

저자가 3년 동안 심은 씨앗은 열심히 싹을 틔우고 있습니다. 동아리에서 함께 활동한 아이들은 자신의 일상에서도 환경을 위한 실천을 자연스레 이어가고 있습니다. 자연과 환경을 위하는 아이들의 마음은 한 뼘 자랐고, 그 성장의 기록 역시 책에 담겨 있습니다.

저자의 이 같은 활동은 어쩌면 우리가 살고 있는 지구에 대한 염치를 챙기기 위한 몸부림일 것입니다. 그리고 이 책을 통해 만날 수많은 독자의 마음에 '환경 씨앗'을 심고자 함입니다. 꾹꾹 눌러 심은 씨앗은 싹을 틔워, 줄기를 뻗어낼 것이며, 그렇게 이 지구에 초록을 1g 더 늘릴 수 있으리라 믿습니다.

이주연 「오마이뉴스」 기자

교실에서 아이들을 가르치며 환경을 위해 할 수 있는 일은 생태소양을 가진 시민을 키우는 일입니다. 결국 모든 것이 연결되어 있는 환경 이슈를 저자는 열두 달 환경 교육을 통해 어느 하나 소홀히 다루지 않고 생태시민교육을 실천해 나가고 있습니다. 이 과정에서 아이들은 협력하고 연대하며 스스로 기후위기를 극복할 미래의 희망이 되었고, 나아가 이를 지지하는 학부모와 지역의 문화까지 변화시키는 작은 태풍을 만들어 가고 있습니다.

환경교육의 중요성과 진정한 연대의 힘을 몸소 보여 준 저자와 아이들의 활동을 담은 이 책은 생생한 생태환경교육의 보고이자 아이들과 학부모를 변화시킨 기록이며, 생태환경교육을 준비하는 교사들에게는 훌륭한 입문서이자 지침서라고 할 수 있습니다. 지구를 구하는 열두 달 환경 교육을 실천해 나갈 선생님, 학부모, 학생들과의 깊은 연대를 바라며 이 책을 추천합니다.

김윤혜 하천초등학교 교사, 생태전환교육실천교사단

수업은 앎과 삶을 연결 짓는 소중한 순간입니다. 삶의 터전인 지구를 아끼고 보존하기 위해 탐구와 실천을 학습하는 수업은 어느 것보다 중요하고 가치 있다고 생각합니다. 어려워서, 섣불리 다가갈 수 없어서 환경 수업을 주저하는 선생님들에게 이 책이 디딤돌이 되어줄 것입니다.

이지원 중앙초등학교 교사

아이의 마음으로 지구를 생각한다면

푸르고 빛나는 행성, 우주에서 가장 아름다운 지구에 우리는 살고 있습니다. 거대한 자연이 지구 생태계를 이루고, 우리 인류도 생태계의 한 축이 되어 살아가고 있습니다. 그동안 우리 지구는 자연과 인간이 공존하는 조화로운 공간이었습니다.

하지만 이제는 지구가 너무도 사나워졌습니다. 자연재해가 재앙이 되어 인류와 동물 등 생명체를 공격하고 예측할 수 없는 기상이변은 그동안의 생태계 질서를 무너뜨리고 있습니다. 또 무던히 그 깊은 속을 드러내지 않던 바다도 술렁이기 시작했습니다. 해수면 온도가 상승하면서, 바닷속 다양한 생물들이 보금자리를 잃거나 멸종하는 등 바다 생태계가 망가지고 있습니다.

2020년 겨울, 방학을 맞아 인도네시아 발리에서 머물 때의 일입니다. 저와 아이들은 우연한 기회로 Bali Sea Turtle Society(BSTS)에서 진행하는 'Turtle Ralease'라는 행사에 참여하게 되었습니다. 관광객이 많이 찾는 꾸따 해변에서 열리는 새끼 거북이 방생을 위한 도네이션 행사였습니다. 행사를 주최한 Bali Sea Turtle Society는 거북이 알이 무사히 부화해 바다로 돌아갈 수 있도록 돕는 단체였습니다.

단체가 거북이의 방생을 돕는 일에는 세 가지가 있습니다. 거북이 알을 천적으로부터 보호해서 안전하게 부화되도록 하는 것, 또 부화한 새끼 거북이가 관 광객의 발에 밟히지 않고 무사히 바다로 들어갈 수 있도록 하는 것입니다. 꾸따 해변은 파도가 좋아서 서핑을 하러 오는 사람들이 많은데, 관광객이 늘어난 만큼 그 발에 밟혀 바다로 끝내 돌아가지 못하는 새끼 거북이도 많았기 때문이지요.

그리고 무엇보다 거북의 성비를 맞추기 위해 해변의 온도를 낮추는 일이었습니다. 바다거북은 해변 모래에 알을 낳아 묻어 두는데, 주변의 온도에 따라 알의 성별이 정해지죠. 이곳의 모래 온도가 높아지면서 암컷이 상대적으로 많아지고 수컷이 적어지는 문제를 조금이라도 해결하기 위해 부화 시 온도를 조절하여 바다로 방생하는 것이었습니다. 바다거북의 멸종을 막기 위해.

이 행사를 통해 저는 적잖은 충격을 받았습니다. 이미 한참 전부터 지구온난화라는 말은 들어왔지만 체감하지 못했던 저에게 작은 생물이 입는 피해가 고스란히 전해져 마음이 아팠습니다. BSTS를 대표하는 한 분이 말을 이어갔습니다. 지구의 온난화와 심각한 바다 오염 때문에 발리 해변의 많은 생물이 죽어가고 있다며, 오늘 방생한 이 거북이들이 25년 뒤 더 건강한 모습으로 다시 꾸따 비치로 돌아올 수 있게 우리의 바다를 위해, 또 지구를 위해 기도해 달라고.

그동안 자연의 아름다운 면모만 보며 자연이 주는 안락과 기쁨을 누리고 지구온난화 정도는 대수롭지 않게 생각했던 제 모습이 부끄러웠습니다. 누군가 심각한 지구온난화에 관해 이야기할 때도 '언젠가는 해결되겠지, 미래의 과학 기술이 해결해 주겠지, 나의 일은 아니야'라며 안일하게 생각했던 모습이 떠오르며 한숨이 나왔습니다. 행사를 마치고 돌아오는 차 안에서 이야기를 나누던 중 둘째가 저에게 부탁했습니다.

"엄마는 선생님이니까 지금부터라도 반 아이들한테 가르쳐 주면 되잖아요."

지구온난화로 지구가 몸살을 앓고, 바다쓰레기로 바다 생물들이 목숨을 잃고 있다는 것을 아이들에게 알려 달라는 간곡한 부탁이면서 당부였습니다. 그렇게 저의 생태전환교육, 환경동아리 운영, 기후행동은 시작되었습니다.

교실로 돌아온 저는 '초록을 1g 더 늘려주세요'라는 의미를 담아 '그린그램+'라는 환경동아리를 만들었습니다. 경상남도교육청에서 시작하는 생태전환교육에 함께하고자, '교실에서 시작하는 푸른 지구 만들기'라는 궁극적인 목표를 세웠습니다. 그리고 '지구적으로 생각하고 지역적으로 행동하자'라는 슬로건과 '작은 행동 큰 물결'이라는 행동 방침도 정했습니다.

생태전환교육의 첫걸음을 떼면서 아이들에게 알려 주고 싶은 마음이 앞서 허둥댔습니다. 무엇부터 가르치면 좋을까, 아직 기후변화나 기후위기에 대한 경험이 없는 아이들에게 어떻게 접근하면 좋을까 하는 생각으로 마음이 급했으니까요. 곧 저는 마음을 가라앉히고 관련 분야의 다양한 책을 읽고, 최근의 기후변화, 기후위기에 관련된 뉴스, 매거진을 집중해서 찾아 읽었습니다. 그리고 아이들의 시선에서 보이는 지구적 문제, 아이들의 눈높이에서 이해할 수 있는 기후변화 이야기, 아이들의 수준에서 할 수 있는 기후행동에 대해 깊이 고민했습니다. 생태전환교육, 아이들에게 어떻게 다가가면 좋을지에 대해 고민하는 경남의 생태전환교육실천교사단 선생님들과 연대하며 고민과 실천을 이어 나갔습니다.

약 3년간 아이들과 환경에 대해 공부하며 느낀 것이 하나 있습니다. 지구를 지키기에, 기후위기에 대응하기에 우리 아이들은 결코 어리지 않다는 것입니다. 그리고 '아직은 배울 때가 아닌' 것이 아니라 '당장 배워야' 하고, '지금 행동해야' 하며, '충분히 할 수 있다'는 것이었습니다. 매일이 놀라움의 연속이었습니다. 하나를 이야기해 주면 아이들은 꼬리에 꼬리를 물고 질문했습니다. 가끔은 저보다 훨씬 더 강한 의지를 보여주기도 했고, 조금도 지치지 않았으며, 더 나아질 미래에 대해 긍정적이었습니다.

잠시나마 기후위기로 우울했던 저에게 우리 아이들은 "선생님 아직 포기할 때가 아니에요. 우린 겨우 11살이란 말이에요. 이대로 가만히 1.5℃를 넘기고 우리의 미래를 빼앗길 수 없어요."라고 말했습니다. 아이들의 간절함이 담긴 말들이 독백이 되어 부유하게 두고 싶지 않았습니다. 지금까지 아이들은 어떤 방식으로 지구를 사랑해야 하는지 몰랐을 뿐, 알고 난 뒤 아이들은 적극적인 의지를 보여줬습니다. 부모님께 핀잔을 들으면서도 학교에서 배운 환경 활동을 가정에서도 부지런히 실천에 옮겼습니다.

교실에서 약 3년 간 아이들과 함께한 열두 달 생태전환교육, 기후천사단 환경동아리 활동, 그리고 기후행동을 여기 소개합니다. 그중 아이들의 변화가 가장 두드러집니다. 아이들은 열두 달 생태전환교육과 실천적 환경 활동을 하면서 환경에 대한 가치관이 바뀌었으며, 지금의 기후위기를 인정하고 어떻게 하면 올바른 기후시민으로 살아갈 수 있을지 주체적으로 고민하는 기후시민으로 거듭났습니다.

이 책은 열두 달 각 환경에 날에 관한 이야기와 저자의 경험, 그에 맞추어 실시한 생태전환교육, 그리고 아이들의 실천적 활동과 일기로 구성되었습니다. 지구를 살리는 에너지, 지속가능한 소비 방식, 쓰레기를 남기지 않는 제로웨이스트의 삶, 일회용품과 플라스틱을 최대한 사용하지 않는 생활 습관, 먹거리로 살리는 지구, 아름다운 우리 모두의 숲, 동물의 권리와 안전을 생각하는 소비, 패스트패션을 지양하는 슬로우패션, 올바른 분리배출을 통한 자원순환 등 우리가 매일 접하는 상황과 이때 할 수 있는 기후행동을 중심으로 한 기본적이면서도 꼭 필요한 이야기를 담았습니다. 무엇보다 '왜 기후위기인가? 인간과 자연이 조화롭게 공존하는 날은 과연 꿈꿀 수 있는가? 우리는 지금 무엇을 해야 하나? 그리고 우리는 어떻게 살아야 하나?'에 초점을 맞추어 환경실천 활동을 서술하고자 했습니다.

12개월 중 1월을 제외하곤 매달 환경과 관계된 기념일이 있습니다. (2월 2일은 습지의 날입니다. 2월은 방학이라 습지의 날에 관한 프로젝트는 책에 싣지 않았습니다.) 매달 환경 관련 기념일이 제정된 데는 이유가 있고 우리는 그날을 기억하여 기념해야 할 이유가 있으며, 환경의 날은 어른뿐만 아니라 아이들이 반드시 알아야 합니다. 앞으로 더 나은 지구를 만들고 살아가야 하는 사람은 결국 지금 세대의 아이들이기 때문입니다. 이 책에 실린 아이들의 환경 활동은 학교는 물론 가정에서 충분히 할 수 있는 내용입니다. 그러기에 저는 이 책을 읽는 모든 교사, 학부모, 미래 세대의 아이들이 함께 공감하고, 보이지 않는 곳에서 함께 연대할 수 있을 것이라 생각합니다.

지금껏 우리는 지구의 자원을 무작정 소비하는 방식으로 풍요를 누렸습니다. 그 결과 지구 생태 용량 초과의 날은 매해 앞당겨지고 있고 지구가 견디기 어려운 지경에 이르렀습니다. 이제 우리는 조금은 다른 방식으로 지구의 풍요를 누려야 할 때입니다. 이것이 제가 환경을 이야기하고, 아이들과 환경동아리 활동을 하고, 이 책을 쓴 이유입니다. 이 책을 읽는 여러분들도 우리 아이들과 한마음 한뜻으로 지구를 생각하고 행동하며 목소리를 내어 주시길 바랍니다.

사랑에는 분명 힘이 있습니다. 지구를 사랑하는 우리는 연결되어 있습니다. 우리 모두 지구생태시민이 되길, 지구의 편안한 호흡이 모두의 마음에 깊이 내려 앉길, 이를 위해 함께 연대하길 소망합니다.

2024년 1월

새로운 방식으로 지구의 풍요를 누리는
인간과 자연의 공존을 바라며

차례

기후시민
ECO-HEROES

아직 포기할 때가 아니에요.
이대로 가만히 1.5℃를 넘기고 우리의 미래를 빼앗길 수 없어요.

01

하늘이 쉬는 시간,
어스아워

📅 **지구촌 전등 끄기의 날 3월 마지막 토요일**

3월 마지막 토요일

'우리가 만드는 미래(Shape Our Future)'를 주제로 열린 2022년 어스아워(Earth Hour)에는 전 세계 사람들이 참여해 기후위기에 대응하는 연대의 모습을 보여주었습니다. 서울의 랜드마크인 롯데타워부터 수원 화성, 삼성전자 등이 전등을 껐습니다. 지구의 휴식을 위한 단 한 시간. 이 행사로 절약되는 에너지는 과연 얼마나 될까요? 누구나 참여할 수 있는 아주 작은 기후행동이지만 그 효과는 상상 이상으로 큽니다. 우리나라는 2009년 처음 캠페인에 참여했고, 결과 우리나라 공공건물에서만 692만 7,000킬로와트의 전력과 3,131톤의 온실가스를 감축했습니다. 중요한 건 에너지가 얼마만큼 절약되었는지 그 수치뿐만이 아니라, 지구를 살리기 위한 우리의, 시민 모두의, 지구촌 인류 모두의 노력이 계속된다는 점입니다.

어둠이 내려앉은 도시의 하늘은 아름답습니다. 형형색색 도시의 하늘을 수놓은 야경은 그 지역의 볼거리로 자리 잡기도 하고 도시의 랜드마크가 되어 SNS에서 유명세를 타기도 합니다. 하지만 도시의 밤을 밝히는 데는 엄청난 에너지가 사용됩니다. 필요 이상의 편의와 인공적인 아름다움을 만들기 위해 지구 환경이 파괴된다면 그것이 아름다운 것일까요?

전등을 켜는 데는 전기가 사용되고, 전기를 얻기 위해서는 주로 화력발전이 사용됩니다. 언젠가 없어질 자원이라 생각하지 않기에 '절약'이라는 단어는 꼰대나 쓰는 것으로 여기고 전기를 마음 놓고 사용하고 있습니다. 그렇게 생각 없이 써버린 몇십 년의 결과로 지금 우리는 심각해진 지구온난화를 걱정하게 되었고, 다음 세대에 건강하지 않은 지구를 물려줄 것이라는 불안감에 휩싸였습니다.

우리의 밤은 밤일 때 가장 아름답지 않을까요? 밤하늘을 올려다만 봐도 별이 보이던 시절이 있었습니다. 거리는 깜깜하고 하늘의 별은 밝게 빛나던 시절이죠. 하지만 지금은 일부러 먼 곳까지, 깊은 산 속까지 찾아가야만 별을 만날 수 있습니다. 도시의 소음과 화려한 조명에서 멀어질 때, 사람들은 안정감을 느낄 수 있다고들 합니다. 하지만 우리는 도시의 조명에 이미 익숙해져 있어 그것이 사라졌을 때의 불편함을 가장 먼저 떠올립니다. 하늘이 쉬는 시간, 어스아워에 대해 알게 되었다면 일 년에 딱 한 시간 세계시민이 함께하는 날을 기억하며, 불편하더라도 의미 있는 일에 참여해 보는 것은 어떨까요?

지구는 엄마다

전등 끄기의 시작은 발리에서였습니다. '녜피(Nyepi, 녀피)'라 불리는 이날은 발리의 365일 중 하루를 온전히 멈추는 날입니다. 그래서 발리 사람들은 일 년을 365일이 아닌 364일이라고 말합니다. 이날은 발리섬 전체의 불이 꺼지고 발리 사람들은 전등을 켜지 않고, 일하지 않으며, 이동하지도 않고, 놀지 않습니다. 가족과 함께 집에 머물면서 온전히 하늘을 위해 신에게 기도하고, 흘러가는 물을 위해 신에게 기도하며, 자연과 깊이 교감합니다. 관광객도 예외는 아니어서, 모두 숙소에 머물며 지구를 위해 함께 기도합니다. 발리는 일 년 내내 세계 각지에서 온 관광객들로 붐비는 섬이지만, 녜피 하루만큼은 사람들 때문에 몸살을 앓는 바다와 자연이 쉬어갑니다.

발리의 녜피를 다룬 다큐멘터리가 있습니다. 4년에 걸쳐 제작된 이 다큐멘터리에서는 인간의 모든 활동이 멈추고 자연만이 움직이는 모습이 화면에 담겼습니다. 그중 밤하늘에 쏟아질 듯이 내려앉은 별빛은 경이롭기까지 합니다. 모든 불이 다 꺼지고 오직 하늘의 빛만 남은 풍경에서 자연의 거룩함이 느껴집니다.

지금 지구는 끊임없이 배출되는 온실가스로 이전에 겪지 못한 온도를 견뎌 내고 있습니다. 인간의 이기적인 지구 사용으로 결국 우리는 힘든 시간을 겪고 있습니다. 하지만 지구를 이대로 방치할 수는 없습니다. 전등을 끄고 초를 켜고, 가족과 연인과 친구와 별이 켜지는 순간을 지켜보세요. 인간이 꿈꿀 수 있는 대자연의 시간과 공간을 그대로 느낄 수 있는, 나와 지구가 정화되는 느낌을 받을 수 있을 것입니다.

녜피의 날 의식을 위한 복장 갖추는 모습

아이들의 소리로 외치는 하늘의 휴식 시간

3월 새 학년 새 학기를 시작한 지 얼마 되지 않았지만, 저와 반 친구들은 환경 공부에 여념이 없었습니다. 곧 다가오는 지구촌 전등 끄기의 날에 어떻게 하면 더 많은 집이 참여할 수 있게 할까? 좋은 방법을 찾느라 고민하고 있었습니다.

때마침 창원시청에서 '아파트 한 동 전등 끄기'를 추진하고 있었고, 우연한 기회로 이 캠페인에 우리 환경동아리가 함께 하게 되었습니다. 기대에 부푼 아이들은 저마다 어스아워 홍보를 위한 방법을 구상했습니다. 과자 박스를 재활용하여 아파트 주민 모두가 동참해 주기를 간절히 바라는 마음으로 한 글자 한 글자 진심을 담아 문고리형 홍보 전단지를 만들기 시작했습니다.

'우리에게 아름다운 지구를 물려주세요.'

11살 어린이들의 바람을 적어 지구촌 전등 끄기를 일주일 앞둔 날 아이들은 아파트 15층을 오르내리며 집 문고리에 포스터를 걸기 시작했습니다. 엘리베이터를 타자고 했지만, 전기를 아껴야 하니 걸어서 15층까지 오르내리겠다는 아이들은 자못 진지했습니다. 봄이 한창인 오후, 아이들은 땀을 뻘뻘 흘리면서도 행복하고 뿌듯한 웃음을 지었습니다. 무려 150가구를 다 돌며 포스터를 걸었습니다. 하지만 이 정도로 만족할 수 없던 아이들은 밀랍초를 만들어 집집마다 선물로 놓아두자고 했습니다. 아이들의 손으로 끈적끈적한 밀랍을 빚어 150개의 밀랍초를 완성했습니다. 누가 먼저랄 것도 없이 하굣길에 아파트를 방문하여 밀랍초를 선물했습니다. 전등 끄기에 함께해 달라는 당부도 잊지 않았습니다. '아이들이 이만큼 노력하고 기대하는데 주민들이 동참하지 않으면 어쩌지?' 하는 걱정과 '한 집도 빠짐없이 전등을 끌 거야.' 하는 기대가 동시에 밀려왔습니다.

드디어 '지구촌 전등 끄기의 날' 30분 전, 아파트 관리사무소를 찾아갔습니다. 전등 끄기 캠페인에 동참해 달라는 방송이 가능한지 물어보기 위해서였습니다. 관리소장님은 흔쾌히 허락했고, 저녁 8시 5분 전 반 아이들은 어느 때보다 명쾌한 목소리로 방송을 시작했습니다.

"안녕하세요, 저희는 용남초 환경동아리 그린그램입니다. 오늘이 무슨 날인지 다들 알고 계시나요?"

지구의 휴식을 위한 시간, 우리의 푸른 지구를 위한 기후행동에 대해 안내한 뒤 아이들은 목소리를 모아 외쳤습니다.

"5, 4, 3, 2, 1. 모두 전등을 꺼 주세요!"

우리의 외침과 동시에 각 집의 전등은 마치 도미노처럼 하나둘 꺼지기 시작했습니다. 그리고 전등이 꺼지지 않는 집을 향해 전등을 꺼 달라고 외치기도 했습니다. 30초가 채 되지 않아 딱 한 집을 제외한 모든 집의 전등이 꺼졌습니다. 밖에 나와 있던 주민들도 전등이 꺼지는 장면을 바라보며 아이들을 격려했습니다.

과자 상자를 이용해 문고리 포스터를 만들기   아파트 한 동 전등 끄기 활동 후 모습

"이런 날이 있는지 몰랐네, 아줌마 아저씨도 이제부터 이날만큼은 전등을 끌게!"

그렇습니다. 그동안 행동하지 않은 건 하기 싫어서, 귀찮아서가 아니라 몰랐기 때문이었습니다. 우리 아이들이 환경을 더 공부하고, 알리고, 행동해야 하는 이유가 바로 여기 있습니다.

제가 느낀 감정을 아이들도 똑같이 느꼈습니다. 아이들의 목소리에 반응해준 주민들에게 감사함을 느꼈고, 실천하는 모습에 큰 보람을 느꼈습니다. 그날 밤은 여느 날보다 어두웠지만, 마음속은 더 환히 빛났습니다.

열두 달 환경 일기

어스아워(Earth Hour)는 3월 마지막 토요일 저녁 8시 30분부터 9시 30분까지 한 시간 동안 전등을 꺼서 지구를 지키는 기후행동의 하나입니다. 이날은 지구촌 전체에서 각 나라의 랜드마크를 비롯해 많은 시민이 전등을 끄고 하늘의 별을 켜는 행동을 함께합니다.
아이들과 함께 어스아워 홍보 포스터를 만들고, 이웃에게 알리는 프로젝트를 실시합니다.
밀랍을 활용해 초를 만들고 이웃에게 나눠 주어 지구촌 전등 끄기에 동참할 수 있도록 설득합니다.

전등 불빛보다 아름다운 밀랍초

배승빈

"얘들아, 이게 뭔 줄 알아? 바로 밀랍이야. 꿀벌들이 만들어 내는 밀랍!"

선생님은 모둠별로 노란 밀랍시트를 나누어 주셨다. 우리는 드라이기를 사용하는 대신 손의 온기를 이용해서 밀랍시트를 부드럽게 만들기 시작했다. 밀랍시트가 적당히 말랑말랑해졌을 때 심지를 넣고 힘을 주어 돌돌 말았다. 밀랍이 끈적해서 단단하게 잘 말아졌다. 이렇게 초가 만들어진다는 게 신기했던 건우와 나는 한껏 신이 났다. 처음 경험하는 것이기도 했지만, 밀랍초가 지구를 위한 지구촌 전등 끄기의 날에 전등 대신 사용하게 될 것이라서 기분이 남달랐다. 3월 마지막 토요일 저녁 8시 30분부터 한 시간 동안 지구를 위한 한 시간에 나는 처음으로 전등을 끄고 초를 켤 예정이다.

선생님은 도시의 지나치게 밝은 불빛 때문에 많은 식물과 동물들이 고통을 받는다는 이야기를 들려주셨다. 빛 공해가 바로 그것이다. 높은 건

밀랍시트로 밀랍초를 만들고 초를 켜 보는 아이들

물과 반짝이는 불빛은 새들이 길을 찾아 날아가는 데 방해가 되기도 하고, 때론 새들이 환한 불빛 때문에 순간 시각을 잃고 그대로 건물에 부딪혀 죽기도 한다. 그뿐만 아니다. 밤에 활동하는 야생동물은 밤이 되어도 주위가 밝아 사냥하지 못한다. 개구리는 인공조명 아래에서는 밤이 되어도 밤인지 몰라서 울지도 않는다.

도롯가에 서 있는 가로수도 밤새 켜진 가로등 때문에 호흡이 힘들다. 나무는 낮 동안 이산화탄소를 흡수하고 밤 동안 이를 배출해야 하는데 빛 공해가 호흡의 리듬을 깨뜨리기 때문이다. 생물들이 말을 할 수 있다면 밤마다 사람들에게 이렇게 말할 것 같다. "너무 밝아서 활동할 수 없어요. 불 좀 꺼주세요."라고.

집집마다 새어 나오는 빛, 건물 간판에서 번쩍이는 빛, 자동차가 쏘는 빛이 아니라 동물과 식물에 필요한 빛은 어쩌면 밤의 달빛 하나로 충분할 것 같다. 인공조명의 화려함이 아닌 자연의 빛, 달과 별이 만드는 빛의 아름다움을 느끼고 싶다는 생각이 문득 든다. 달빛이 내려앉은 캄캄한 밤에 수많은 동물이 하나둘씩 나와 각자 자기의 삶을 살아가는 아름다운 모습을 머릿속으로 그려 본다.

하나둘, 불은 꺼지고 그 사이 별이 켜졌다   김가림

"하나, 둘, 셋! 전등을 끄겠습니다!"

나는 거실에서 가족 모두를 향해 외쳤다. 그리고 동시에 엄마가 초에 불을 붙여주셨다. 오늘이 바로 지구촌 전등 끄기의 날이기 때문이다. 우리 가족은 베란다 창틀에 다리를 걸치고 누워 하늘에 별이 보이길 기다렸다.

밀랍초를 켜고 전등 끄기를
준비하는 모습

"오늘은 세계 전등 끄기의 날입니다. 우리 아파트 주민들의 많은 협조 부탁드립니다."

며칠 전 관리사무소에 방문해 전등 끄기의 날에 아파트 주민들이 동참할 수 있게 방송을 부탁드렸는데 잊지 않고 방송을 해주셨다. 하나둘 집집마다 전등이 꺼지기 시작했다. 나와 아빠는 베란다 창문을 바라보며 전등이 꺼지는 집에 박수를 보내고 그렇지 않은 집을 향해 안타까운 소리를 내기도 했다.

4학년이 되어 처음 해 보는 지구를 위한 한 시간이었다. 전등을 사용하는 일이 지구의 문제와 관련이 있는지 전혀 몰랐는데 이렇게 쉬운 행동으로 지구를 지킬 수 있다는 것이 신기했고 앞으로 기꺼이 동참해야겠다고 생각했다. 내가, 우리가 생각 없이 켜 두는 전등 때문에 온실가스 배출량이 늘 수 있다니, 불필요한 전등은 꼭 끄는 습관을 길러야겠다는 다짐도 함께 해 보았다.

전력수급 비상단계, 블랙아웃

2022년 본격적인 여름이 시작되면서 전력 사용량이 급증했습니다. 늘 그렇듯 장마가 지나고 나면 예년보다 더한 폭염이 찾아올 것이라 기상청에서도 예고했습니다. 극심한 기후변화로 기상이변이 잦아졌고 세계 곳곳은 사실상 전력 수급에 차질을 빚기도 했습니다. 전력 공급은 전력 사용 수요가 늘어난다고 갑자기 늘리기가 어렵습니다. 그러면 대규모 정전사태인 블랙아웃의 가능성을 피할 수 없습니다. 블랙아웃은 공급되는 전기의 양보다 사용되는 전기의 양이 많아 특정 지역에 일시적으로 발생하는 정전사태입니다.

이런 사태를 방지하기 위해서는 전력 예비율을 잘 관리하는 일도 중요하지만, 전기를 절약하는 모두의 실천이 필요합니다. 우리가 사용하는 전기는 화력발전소에서 생산된 후 송전탑을 거쳐 필요한 지역으로 보내집니다. 화력발전소는 석탄을 태워 에너지를 생산하는데 이 과정에서 온실가스가 발생합니다. 전력 사용량이 늘어나면 온실가스 배출량이 빠르게 증가하는 것이 바로 이 때문입니다. 기후변화로 잦아진 폭염과 한파는 전력 소비를 증가시키고, 그 결과 온실가스 배출량도 크게 늘고 이는 기후이변의 한 원인이 됩니다. 악순환이 계속되는 것입니다. 온실가스를 많이 발생시키는 화력발전소를 이용하지 않는 신재생에너지를 통한 에너지의 생산도 중요하지만, 무엇보다 에너지를 절약하는 모두의 노력이 필요합니다.

Small Action Big Wave

🏛 **어스아워의 날** 교실에서 아이들과 함께한다면

① 한 시간 전등 끄기로 줄일 수 있는 온실가스 배출량을 알아봅니다.

② 지구의 휴식을 위해 전등 끄기 동참을 알리는 포스터를 만듭니다.

③ 가족, 이웃이 함께 참여할 수 있도록 곳곳에 포스터를 게시합니다.

④ 당일 전등을 소등한 후 사용할 초를 밀랍을 이용하여 만듭니다.

   * 이웃이 동참하길 권하며 밀랍초를 선물하는 것도 좋아요.

⑤ 전등을 끄고 하늘의 별을 세어 봅니다. 여느 날과는 다른 하늘이길 기대하며.

학생들이 제작한 어스아워 홍보 포스터

🏠 어스아워의 날 가정에서 아이와 함께한다면

① 전기는 석탄을 태워 에너지를 만드는 화력발전소에서 시작된다는 것을 알려 주세요. 화력발전소로 인해 온실가스가 많이 발생한다는 것도 함께 알면 좋아요. 『전기야, 어디까지 왔니?』라는 책을 활용해 보세요.

② 한 시간 전등을 끄고 초를 밝히기 위해 밀랍초를 만듭니다.
   * 만든 밀랍초를 옆집에 나누어 주는 것도 좋아요.

③ 어스아워에 전등을 끄고, 방에 누워 가족과 지구의 아름다움에 대해 이야기를 나눕니다.

④ 오늘의 특별한 하늘을 그림으로 남기세요. 하늘에 반짝반짝 별들이 가득한 하늘이 그려지길 바라면서요.

📖 함께 읽으면 좋은 환경 도서

빛공해-생태계 친구들이 위험해요!
강경아 글, 김우선 그림 (와이즈만북스)

생태계에 피해를 주는 불빛에 대한 이야기. 일상생활에서 전등 사용을 줄이는 이야기를 담았다.

전기가 우리 집에 오기까지
엠마뉘엘 피게라 글, 릴리 라 바렌 그림 (우리학교)

전기가 어떤 과정을 거쳐 공급되는지, 내일 당장 없어질 수도 있는 전기를 잘 사용할 수 있는 방법을 담았다.

02

지구의 숲

📅 국제 숲의 날 3월 21일

비밀의 숲과 생태감수성

오직 내 발걸음 소리, 숨소리, 심장박동 소리, 그리고 가끔 바람의 이끌림으로 움직이는 나뭇잎 소리만 숲을 감쌉니다. 그 숲을 저는 좋아합니다. 하늘 밑에 작은 나, 아름드리나무 옆 한없이 작은 나를 발견합니다. 그러다 자연 앞에 숙연해지고 알 수 없는 숲의 신비에 빠져듭니다. 숲은 그런 존재입니다.

자연이 주는 선물, 숲의 가치는 돈으로 그 값을 매길 수 없을 정도입니다. 기후변화, 기후위기의 시대에 들어서 숲의 중요성은 더 부각되고 있습니다. 어린아이들도 나무는 나쁜 공기를 마시고 우리에게 좋은 공기를 주는 중요한 존재라는 걸 알고 있지요. 이러한 환경적 기능을 뛰어넘어 생명력이 넘치는 그 존재 자체만으로도 숲은 소중한 것 아닐까요?

수십, 때로는 수백 살 먹은 나무를 대할 때면 그 규모에서도 압도당하는 것은 물론이거니와 그 나무들이 지녔을 수많은 계절의 변화와 역사, 알 수 없는 이야기들이 묻혀 있는 것 같은 낯선 시간 속으로 빨려 들어가는 느낌이 듭니다. 숲에서만 맡을 수 있는 특유의 냄새, 그늘에 서린 습기, 울퉁불퉁한 나무 표면에 다양한 모습의 이끼, 바위와 돌 틈에 피어 있는 이름 모를 야생화, 서로 이리저리 뒤엉킨 덩굴, 간혹 신선한 풀을 찾으러 뛰어다니다 나와 눈 마주친 고라니. 이 모든 광경은 상상이 아니라 숲에서 매일 일어나고 있는, 수많은 생명이 이어가고 있는 비밀스러운 풍경입니다. 울창한 나무들 사이로 가끔 햇살이 비치는 풍경에서 원시림의 모습이 언뜻언뜻 비치기도 하지요.

계절마다 모습을 바꾸는 숲은 우리에게 항상 다른 풍경을 선물합니다. 가지마다 잎을 다 떨어뜨리고 덩그러니 겨우살이만 나무 끝에 매달린 풍경이 한겨울이 지나면서 그 어떤 물감으로도 표현하기 힘든 영롱한 연둣빛 잎이 가득한 모습으로 바뀝니다. 그 색이 짙어져 초록 물감을 풀어 놓은 듯 무성한 잎으로 바뀌었다가 빨강, 노랑 단풍이 물드는 풍경으로 바뀌기도 하죠. 한겨울의 숲, 특히 눈이 내려앉은 숲은 고요하다 못해 적막하기까지 합니다. 맞아요. 숲은 각기 다른 매력을 지닌, 온통 비밀로 가득한 그런 곳입니다.

숲에 대한 호기심, 숲에서만 느낄 수 있는 경외심이 생길 때 비로소 숲의 소중함과 그 속의 넘치는 생명, 이 모든 것들을 인정하는 마음이 생겨날 것입니다. 그리고 자연에 대한 감수성에서 시작된 마음은 숲을 보호하고자 하는 행동으로 옮겨갈 것입니다. 이것은 글자로 이해하는 일반적 지식이 아닌 직접 보고 냄새 맡고 손끝으로 느끼는 체험적인 생태감수성입니다.

사전적 의미로 생태감수성은 자연 세계에 대한 공감적 정서를 바탕으로 자연 세계에서 일어나는 변화를 민감하게 지각하고, 자신의 삶과 자연의 연결성을 폭넓게 이해하는 능력을 뜻합니다.

오벌린 대학의 정치학 교수이자 미국 오바마 행정부의 기후행동계획을 담당했던 데이비드 오어(David W. Orr)는 '자연에 대한 경험을 통해 경이로움을 느낄 때 자연에 대한 이해가 생겨나고, 사람들과 사회가 어떠한 관련이 있는지, 또 어떻게 지속가능한 관계에 놓일 수 있는지 이해할 수 있다'고 하였습니다.

자연의 경이로움은 자연을 사랑할 때 비로소 느낄 수 있습니다. 우리 아이들이 숲을 체험하며 살며시 피어나는 꽃도, 가지마다 달린 움잎도 감탄하며 마주할 수 있는 사람으로 자라면 좋겠습니다.

숲 이야기

극심한 기후변화를 겪고 기후위기를 직면하고 있는 데는 숲이 줄어든 것이 한 원인입니다. 숲은 사람들에게 아름다운 풍경을 제공하고, 우리가 매일 들이마시는 깨끗한 산소를 만듭니다. 이외에도 동물에게는 살아갈 집과 먹이를 제공하지요. 우리에게 알려진 생물종의 10%나 되는 수많은 생명체가 남아메리카의 아마존 우림에 서식합니다.

잠깐 숲의 특징을 살펴볼까요? 나무로 덮여 있는 넓은 면적을 숲이라고 합니다. 지구의 숲은 위도에 따라 한대림, 온대림, 열대림으로 나누는데, 그중 가장 넓은 면적을 차지하고 있는 것은 한대림입니다. 한대림은 여름이 짧고 겨울이 아주 길어요. 종이와 화장지 등 우리가 사용하는 종이 대부분을 한대림에서 자라는 나무로 만듭니다. 또 석유와 천연가스는 한대림의 얼어붙은 땅속 깊은 곳에서 얻습니다. 온대림은 우리나라에 있는 숲과 비슷합니다. 계절마다 그 모습이 다르고 색이 다양하죠. 우리가 즐겨 먹는 견과류인 호두, 밤, 헤이즐넛 등이 온대림에서 생산됩니다. 그리고 열대우림은 거의 매일 비가 내려 습도가 높고, 그 속은 울창한 나무로 뒤덮여 어두컴컴하지요. 여기엔 수많은 곤충과 동물과 새들이 살고, 초콜릿 원료인 카카오나 달콤한 망고, 바나나, 아보카도 등이 열대우림에서 생산됩니다.

우리 지구는 대기라는 담요로 덮여 있습니다. 이 대기에는 온실가스라는 기체가 있는데 지구에서 빠져나가는 열을 가두어 지구의 온도를 조절하는 역할을 합니다. 온실가스의 양이 적절하면 지구의 온도도 적절히 유지되지만, 지금처럼 온실가스의 양이 많아지면 지구가 점점 더워집니다. 이때 나무는 지구가 필요 이상으로 더워지는 것을 막아 주는 역할을 합니다. 대기에서 이산화탄소를 흡수하고 줄기와 뿌리에는 엄청난 양의 탄소를 저장하고 있죠.

그런데 나무를 베어 버리면 어떤 일이 생길까요? 대기 중의 이산화탄소를 제거할 수 없을 뿐만 아니라 나무를 베거나 숲을 태우면 나무가 저장하고 있던 탄소가 방출되면서 대기 중 탄소의 양이 엄청나게 늘어나게 됩니다. 그래서 숲은 기후와 아주 큰 연관이 있는 것입니다. 그런데 지구가 균형을 유지하는 데에 중요한 역할을 하는 숲이 최근 빠른 속도로 파괴되고 있습니다. 대체 왜 그런 걸까요?

숲이 사라지는 또 하나의 이유, 햄버거

패스트푸드 중에서도 가장 인기가 많은 햄버거. 햄버거가 숲을 파괴하고 식탁으로 왔다는 진실을 알고 있나요? 햄버거의 수요가 늘어날수록 아마존의 숲은 점점 더 많이 불타고 있다면요? 세계 인구를 다 먹일 만한 소고기를 생산하기 위해서는 소를 기를 목초지가 필요합니다. 그래서 사람들은 아마존 숲을 불태우고 그 자리에 목초지를 만들었지요. 그뿐 아니라 소에게 먹일 곡물을 생산하기 위해서 또 숲을 불태웠습니다. 그리고 그곳에 옥수수와 콩을 재배합니다. 그런데 소는 먹은 것을 소화하는 과정에서 메탄가스를 배출합니다. 소의 방귀와 트림에서 만들어지는 메탄가스는 이산화탄소보다 훨씬 강력한 온실가스입니다.

목초지와 농작지를 만드느라 숲이 파괴되어 이산화탄소 흡수는 줄어드는데 소에서는 메탄가스가 발생하니, 결과적으로는 온실가스가 크게 늘어나는 것입니다. 햄버거 수요가 늘어날수록 생태계는 점점 균형을 잃고 지구온난화는 심각해지는 것입니다. 이쯤 되면 우리의 식탁 문화를 바꿀 필요가 있지 않을까요?

고기를 줄일 수 없다면 대체 식품을 선택하는 것은 어떨까요? 최근에 많은 사람이 기후변화에 대응하고 동물권을 보호하는 차원에서 대체육을 찾고 있습니다. 대체육은 고기를 대신해 고기와 비슷한 맛과 식감으로 만든 식품을 말해요. 그중 가장 대표적인 것이 콩고기예요. 또 최근에는 소를 직접 기르지 않고 세포 배양 기술로 고기를 만드는 배양육 기술도 개발되고 있습니다. 지속적인 인구 증가로 축산물 소비는 늘어나는데, 축산업은 숲을 파괴하고 온실가스를 배출하며 기후위기를 앞당기기 때문이죠.

우리 소비자들에게는 숲 파괴를 막을 수 있는 생각보다 큰 힘이 있어요. 윤리적인 방식으로 얻은 재료로 만든 친환경 종이, 팜유가 들어 있지 않은 제품, 환경에 피해가 없도록 생산된 육류 등을 구매하는 것만으로도 과도한 숲 파괴를 막을 수 있습니다. 지속가능한 제품을 구매함으로써 숲을 보호하고 나아가 기후위기를 대응하려는 사람들이 점점 많아지길 바랍니다.

아마존 숲을 불법 개간해 만든 목초지

열두 달 환경 일기

3월 21일은 국제 숲의 날입니다. 아이들과 함께 산에 올라 눈으로 보고 만지고 냄새를 맡으며 숲을 느끼는 활동을 진행합니다. 아이들의 생태감수성을 일깨우고, 소중한 숲이 왜 사라져 가는지 함께 이야기 나눕니다. 또 가까이 있지만 제대로 느껴보지 못했던 학교 숲, 봄부터 겨울까지 그 다양한 변화와 아름다움을 관찰합니다.

숲에서 본 하늘

김라희

조롱산. 우리 학교, 우리 집에서 가까운 곳에 작은 산이 하나 있다. 사실 나는 아빠와 함께 산에 가는 것을 좋아한다. 그래서 선생님이 숲이나 산에 관해 얘기해 주실 때면 그렇게 신이 날 수 없다. 숲에 대해서 한참 설명하시던 선생님은 "이번 주 일요일에 우리 함께 산에 갈까?"라고 제안하셨다. 이른 시간이라 올 수 있는 친구들만 모이라고 하셨다. 특별한 준비물은 없고 물, 손수건, 그리고 수저통, 쓰레기 담을 가방을 챙겨 오라고 하셨다.

일요일 아침, 한참을 걷다 보니 숲 산책길이 나왔다. 선생님이 말씀하신 산에서만 맡을 수 있는 특유의 냄새가 났다. 흙냄새, 나무 냄새, 그리고 숲에 퍼져 있는 습기 냄새…. 뭐라고 딱 짚어 설명할 수는 없지만, 평소에 맡을 수 없는 냄새가 코끝에 다가왔다. 멀리서 딱따구리 소리가 들렸다. 저만치에서 들리는 소리라 새가 지저귀는 모습을 직접 볼 수는 없었지만 진짜 신기했다. 가끔 뻐꾸기 소리도 들리고 여기저기 박새가 날아다녔다.

문득 선생님이 물으셨다. "여기 이렇게 많은, 우리 눈에 보이지는 않지만, 여러 동물이 살고 있는데 만약 이 숲이, 산이 없어지면 이 동물들은 어디로 가게 될까?"라고. 집을 잃겠지, 집 잃은 동물은 새집을 찾아 나설 테고 그러다 가족을 잃기도 하고 도로를 건너다 목숨을 잃기도 한다고 설명해 주셨다. 산을 무너뜨리고 숲을 뒤엎어 아파트를 짓는 일이 사람이 살기 위해 당연히 할 수밖에 없는 일이라는 생각은 했지만, 그 속에 보금자리를 일구고 살아가는 동물들의 삶은 생각해 본 적이 없다는 사실에 조금 부끄러웠다.

나에게 집을 내어주고 자신의 집을 잃은 동물들이 어디에서라도 잘살고 있으면 좋겠다는 생각과 함께 숲이 훼손되는 일이 많이 생기지 않길 바라는 마음이 든 날이었다.

조롱산 산책길에서 숲 체험하기

작지만 소중한 학교 숲

울긋불긋, 학교 숲에 가을이 찾아왔다. 4학년이 되면서 했던 가장 특별한 공부는 숲 공부였다. 그것도 학교 숲, 선생님은 학교에 있는 나무와 식물들을 통틀어 '작지만 소중한 학교 숲'이라고 이름을 붙였다.

봄에는 학교 뒤뜰에 흐드러지게 펴 있는 봄꽃을 관찰했다. 들꽃들에게도 자기만의 이름이 있다는 사실이 신기했다. 처음 들어보는 이름도 있고, '아, 이게 그거였구나' 하는 이름도 있었다. 우리 반 친구들은 루페를 들고 학교 뒤뜰로 나가 허리를 굽혀 그 작고 앙증맞은 꽃의 수술과 암술을 관찰하고 꽃잎의 모양을 관찰했다. 아예 엎드려 관찰하는 친구도 있었다. 작지만 앙증맞은 들꽃들은 학교 숲을 이루는 소중한 식물들이었다.

선생님은 검정 천을 각 모둠에 나누어 주셨다. 그러곤 학교 숲을 돌며 바닥에 떨어진 꽃과 나뭇잎, 가지들을 천에 모아 오라고 하셨다. 학교 숲으로 나온 우리는 삼삼오오 짝을 지어 각기 다른 나뭇가지와 나뭇잎을 줍기 시작했다. 어쩌다 솔방울과 도토리를 발견하면 마치 보물이나 찾은 듯 소리를 지르기도 했다.

선생님은 넓고 평평한 잔디를 찾아 아까 나눠 주신 검정 천을 펼치라고 하셨다. 검정 천은 바로 스케치북이었다. 널따랗게 천을 펼치고 그 위에 그림을 그리듯 주워 온 나뭇가지와 잎, 꽃, 열매들을 놓았다. 연필로 그림을 그리다 틀리면 지우개로 지워야 했지만, 자연물을 이용해 그림을 그리니 잘못 놓아도 아무 상관 없었다. 요리조리 다양한 방식으로 배치할 수 있어 오히려 더 재미있었다. 그렇게 작품을 완성한 후 우리는 사용한 자연물들을 다시 숲으로 돌려보냈다. 정말 쓰레기를 남기지 않는 자연 미술이었다.

학교 숲의 가을 낙엽으로 만든 숲 가랜드

가을이 되고 우리 학교 숲에도 예쁜 색이 찾아왔다. 학교 숲의 가을을 오래도록 간직할 수 있는 좋은 아이디어 없을까? 고민하던 우리는 학교 숲을 배경으로 우정 사진을 찍기로 했다.

'무동숲에 놀러 와요.'라고 쓰고, 떨어진 낙엽과 나뭇가지들을 엮어 숲 가랜드를 만들었다. 처음 해 보는 놀이에 우린 또 신이나 갖가지 가랜드를 만들기 시작했다. 낙엽에 구멍을 내고 실을 끼워 가랜드를 만들고, 나뭇가지를 실로 묶어 액자도 만들고, 떨어진 열매들을 매달아 그럴싸하게 꾸몄다. 높고 푸른 하늘, 흰 뭉게구름을 배경 삼아 가을을 담은 사진을 찍었다. 아름다운 학교 숲을 오래도록 보고 싶다.

Small Action Big Wave

🏛 국제 숲의 날 교실에서 아이들과 함께한다면

① 3월에 피는 학교 들꽃의 이름을 알아봅니다.

    * 선생님이 미리 꽃의 이름을 조사해 둡니다.

② 아이들에게 루페를 나누어 주고 꽃을 자세히 관찰하게 합니다.

③ 선생님이 미리 준비한 들꽃 카드를 들고 다니며 꽃의 이름을 알려 줍니다.

    * '모야모' 앱을 이용하면 꽃 이름을 쉽게 알 수 있어요.

④ 교실로 돌아와 가장 인상적이었던 꽃을 무지 엽서에 그립니다.

⑤ 엽서에 시를 적어 봅니다.

    * 아이들이 직접 만든 시가 더 좋지만 시 만드는 것을 어려워하면 꽃과 관련된 시를
    선생님이 미리 준비해 두어도 좋습니다.

⑥ 꽃 그림과 시로 꾸민 엽서를 창틀에 걸어 봄 들꽃 시화전을 엽니다. 아이
들의 마음에 벌써 자연을 사랑하는 마음이 생겼을지도 모르겠습니다.

🏠 국제 숲의 날 가정에서 아이와 함께한다면

① 숲의 아름다운 모습이 담긴 사진을 준비합니다.

    * 아이와 함께 숲에 놀러 가서 찍은 사진이면 더 좋아요.

② 아름다운 숲이 사람들의 과도한 사용으로 점점 사라져 가고 있다는 것에
대해 이야기를 나눕니다.

③ 우리가 사용하는 큰 나무는 처음에는 작은 묘목이었음을 알려 줍니다.

④ 아이와 함께 묘목상 또는 식물원을 방문해서 좋아하는 묘목을 구입합니다.

  * 4월 5일 쯤에 산림청 또는 시청환경과에서 묘목을 나눠 주는 행사가 있으니 미리 정보를 알아 두세요.

⑤ 집 근처 산에 아이와 함께 묘목을 심습니다.

  * 심은 날짜와 아이의 이름을 적어 두세요.

⑥ 매년 숲의 날 또는 식목일이 되면 그 옆에 또 다른 묘목을 심으며 나무의 성장 과정을 기록합니다. 훗날 작은 나무가 큰 나무로 자라고 숲을 이루길 기대하는 마음을 담아서요.

📖 함께 읽으면 좋은 환경 도서

누가 숲을 사라지게 했을까?
임선아 글·그림 (와이즈만북스)

인간을 위한 수단으로 숲을 사용해 수많은 생명체가 살 곳을 잃어 가는 이야기를 담았다.

고릴라는 핸드폰을 미워해
박경화 글 (북센스)

부분별한 핸드폰의 소비와 사용이 고릴라의 서식지를 어떻게 파괴하는지 이야기하고 있다.

03

지구를 살리는 물,
물을 지키는 중고마켓

📅 세계 물의 날 3월 22일

버츄얼 워터? 보이지 않는 물이라고?

눈에 보이지 않는 물이라고요? 네, 바로 '가상수(virtual water)'입니다. 우리 눈에는 보이지 않지만 분명히 사용되는 물. 가상수는 농산물뿐만 아니라 소고기, 돼지고기 등 축산물, 그리고 공산품 모두에 적용됩니다. 예를 들면, 쌀 1kg을 생산하기 위해서는 약 5,100ℓ의 물이 필요합니다. 농부가 논에서 벼를 키우고 추수하고 쌀로 만들어지는 과정이 물 없이는 불가능하겠죠? 우리 눈에 보이지는 않지만 쌀 1kg을 생산하는 데는 많은 양의 물이 든답니다.

예를 몇 가지만 더 들어볼게요. 어른들이 자주 마시는 커피 한 잔은 커피나무에서 딴 열매로 만들어집니다. 약 125㎖의 커피를 생산하는 데 드는 물은 약 140ℓ입니다. 또 우리가 쉽게 사용하는 종이 한 장을 생산하는 데는 약 10ℓ의 물이 필요하지요. 고기의 생산과정에는 더 많은 물이 쓰입니다. 돼지고기 1kg을 생산하기 위해서는 약 11,000ℓ의 물이, 소고기 1kg을 생산하기 위해서는 약 15,500ℓ의 물이 필요합니다.

가상수는 1998년 앨런(Allan. J. A.) 교수가 물 사용에 대한 경각심을 주기 위해 제시한 개념입니다. 우리의 생활에 꼭 필요한 것들이 만들어지는 데에 많은 물이 소비되는데, 우리 눈에는 그 물이 보이지 않으므로 가상수라는 이름이 붙었지요.

샤워를 하지 않고, 세수를 하지 않고, 변기에 물을 내리지 않아도 이런 방식으로 우리는 늘 물을 사용하고 있는 것입니다. 여기에 매일 쓰는 눈에 보이는 물까지 더하면 하루 동안 우리가 사용하는 물의 양은 얼마나 많을까요? 물 절약을 위해 우리의 식생활부터 바꿔 봅시다. 햄버거 하나를 만드는 데는 양상추, 토마토, 소고기 패티 등이 들어가 무려 2,400ℓ의 물이 든다고 하니까요.

음식이 남기는 물발자국

가상수가 어떤 제품이 생산되기까지 사용되는 물을 뜻한다면, '물발자국(water footprint)'은 어떤 제품의 원료에서부터 생산, 유통, 사용 그리고 폐기까지 모든 과정에서 사용되는 물의 양을 뜻합니다. 가상수보다도 많은 양이라고 할 수 있습니다. 빵을 예로 들어볼까요? 빵을 만들기 위해 필요한 주원료는 밀가루입니다. 밀을 생산하기 위해서 물이 사용되고, 밀을 수확해 가루로 만드는 과정에도 물이 필요합니다. 빵에 들어가는 우유는 어떨까요? 젖소를 키우는 데도, 우유로 만드는 과정에도 물이 필요합니다. 이렇듯 빵에 들어가는 원료 생산에 이미 많은 물이 쓰이고 있습니다. 그리고 빵을 만들 때 넣는 물부터, 빵을 담을 박스나 비닐을 만드는 데에도 물이 필요하고 빵이 배달되는데 사용하는 연료까지 생각하면, 빵이 우리 손에 들어오기까지 엄청난 물이 사용되고 있습니다. 천연재료보다는 가공식품에 더 많은 양의 물이 필요하고 많은 재료가 들어가는 음식일수록 물발자국을 많이 남기게 되는 셈입니다.

물발자국은 왜 중요할까요? 우리나라는 물 부족 현상이 피부에 와 닿지 않는 게 사실입니다. 현재 우리나라는 전체 인구의 99.4%가 안전한 수돗물을 공급받고 있습니다. 우리는 어디서나 오염되지 않는 물을 구할 수 있어서 물 부족을 심각하게 느끼지 못합니다. 하지만 세계의 많은 사람이 이 순간에도 물 부족에 시달리고 있습니다.

기후변화로 생긴 전 세계 물 부족 현상은 이미 심각한 상태에 이르렀으며, 앞으로 이 현상은 더 심화될 전망입니다. OECD에서 발표한 「환경전망 2050보고서」에 따르면 2050년까지 경제 규모는 약 4배 정도가 커지고 인구는 약 90억 명까지 늘어날 추세라고 합니다. 그렇게 된다면 인류는 더 많은 물이 필요하게 될 텐데, 안타깝게도 그때가 되면 세계 인구의 약 40%는 물 부족 국가에 살게 될 것입니다.

우리나라 역시 연 강수량이 1,300mm 정도지만 건기가 길어지거나 일시적 폭우가 잦아지면 폭우로 모인 빗물을 다 모으지 못해 하천으로 흘려보내는 경우가 있어, 일시적인 물 부족 현상이 나타나기도 합니다. 그래서 우리나라도 '심각한 물 스트레스 국가'로 분류되어 물 공급과 사용에 대한 대책을 마련해 나가고 있습니다.

정부에서는 2021년 1월부터 물발자국 인증제도를 도입해, 세탁기, 정수기, 두부 등 10개의 제품에 물발자국 인증을 부여하고 있습니다. 이 제도는 물의 효율적 소비와 안정성을 위해 실시하고 있으며, 이를 통해 소비자들은 물발자국이 작은 제품을 확인하고 구매하여 지구환경 보호에 동참할 수 있습니다. 이처럼 생활 속에서 가능한 한 물발자국을 적게 남기기 위해 정부와 기업은 물론 개인도 노력해야 할 때입니다. 여기 생활 속에서 물발자국을 줄이는 소비 습관을 실천하고 있는 사례를 소개합니다.

중고 시장에서 찾은 착한 문화

『핀란드 사람들은 왜 중고 가게에 갈까?』라는 책을 보면, 핀란드에는 일상이 된 중고 문화가 있습니다. 중고 가게가 즐비한 거리가 있고, 중고 가게에서 공산품을 사는 학생들이 있습니다. 새 물건을 사는 것을 오히려 이상하게 느끼는, 우리나라에서는 보기 힘든 모습입니다. 중고 문화는 할머니의 시대에서부터 물려받은 그들의 유산이었습니다. 그들은 이렇게 이야기합니다. '지속가능한 미래를 위해 할 수 있는 일을 찾았어요.'라고.

패스트패션 회사에서 중고 의류 가게로 일을 옮긴 삐아와 사일라의 이야기입니다. 패션 회사답게 수많은 옷이 계절마다 수없이 쏟아지고 주인을 찾지 못한 옷들은 이월상품이 되었다가, 그마저도 선택 받지 못한 옷들은 그대로 버려지는 것을 목격하면서 삐아와 사일라는 괴로워합니다. 둘은 지속가능한 행동을 고민했고, 지금은 중고 의류 가게로 직장을 옮겨 행복하게 일하고 있습니다.

핀란드의 재사용센터에서는 유치원 아이들부터 고등학생들에게 지속가능한 소비에 대해 교육합니다. 쓰레기 분류법과 재사용과 재활용의 의미, 지렁이로 퇴비를 만드는 방법을 가르치고 있습니다. 또 전 세계적으로 식수가 고갈되고 있는 상황에서 자연의 물이 식수로 오기까지의 과정, 물의 순환과 그 과정에서 발생하는 문제점, 더 나아가 우리의 식재료 생산이 환경에 미치는 영향에 대해 교육합니다.

일본 역시 변화하고 있습니다. 일본 홋카이도 삿포로에는 다누키코지라는 대형 쇼핑거리가 있습니다. 그중 한 거리는 중고마켓이 쭉 들어서 있습니다. 간단한 생활용품부터 패션제품까지 없는 물건이 없을 정도지요. 삿포로에 갔을 때 우리 가족은 미처 준비하지 못한 털모자를 적절한 가격에 좋은 품질로 다누키코지 중고시장에서 살 수 있었습니다.

패션의 성지라 불리는 일본에서는 요즘 젊은 층을 중심으로 중고시장에서 옷이나 액세서리 등을 구입하는 일이 크게 늘었다고 합니다. 패션에 관심이 많다는 말은 꼭 유행에 따라 새 옷을 산다는 것이 아니라, 자기 개성에 맞게 잘 표현한다는 것을 의미한다는 생각이 듭니다.

만약 우리나라에도 이런 중고 문화가 '찐문화'로 자리 잡는다면 어떨까요? 일찍이 가정과 학교에서, 사회에서 배운 문화가 지속가능한 소비를 추구하는 문화로 자리 잡는다면 말이에요. 내가 사용했던 물건을 깨끗하게 정리해 물려주거나, 저렴한 가격으로 필요한 사람에게 되팔면서 자연자원 절약을 실천해 나가는 것이지요. 그러면 언젠가 우리 집 마당이 중고마켓이 되고, 우리 아파트 공원이 중고시장이 되어 사람들이 새 물건을 소비하는 것보다, 이미 사용되었던 물건에서 새로운 가치를 찾고 신중하게 물건을 선택하는 소비 문화가 뿌리내릴 수 있을 것입니다.

지금의 소비지향적인 문화는 개인의 문제라기보다는 무조건적인 경제 성장을 목적으로 하는 경제 시스템과 저렴한 생산과 쉬운 소비를 부추기는 사회 환경에 따른 것이라고 할 수 있습니다. 모든 새 물건은 만드는 데

많은 양의 물이 사용되고 그 과정에 온실가스가 발생하고 그 물건이 소비자의 손에 오기까지 많은 탄소발자국과 물발자국을 남깁니다. 이제는 한때 획기적이었던 대량생산 방식의 문제점을 직시하고, 양질의 물건을 신중하게 소비할 수 있는 문화를 만들어 나가는 것이 필요합니다. 그래서 지금의 자라나는 아이들, 미래를 이끌어갈 아이들에게 지속가능한 자원 사용에 대해 이야기하고 함께 해결안을 찾아가는 일은 아주 중요합니다.

눈에 보이지 않는 물, 가상수. 그리고 심각한 기후변화가 가져온 예측하기 어려운 물의 순환, 어느 쪽이 물이 풍부하다면 어느 쪽은 물이 부족한 현상. 지금 당장 나에게 닥친 문제가 아니기에 가볍게 생각할 것이 아니라, 지구 전체의 문제, 내가 살아가는 지구의 문제, 그리고 인류 모두의 문제라 생각하고 모두가 함께 해결해 나가야 하는 공동의 사고가 필요한 시점이 아닐까요?

열두 달 환경 일기

3월 22일은 세계 물의 날입니다. 어떤 물건을 만드는 데는 반드시 물이 필요하다는 것과 물 스트레스 국가 또는 물 부족으로 위험에 놓여 있는 지구 반대편 나라의 이야기를 찾아보며 세계시민 교육을 함께 진행합니다. 생활 속에서 올바른 물 사용 습관을 실천하고, 물을 많이 필요로 하는 패션을 소재로 물 프로젝트를 실시합니다.

처음 알게 된 세계 물의 날
김은성

3월 22일 세계 물의 날.

지구에 인구가 증가하고 수질이 오염되어 전 세계적으로 먹는 물이 부족해져 유엔(국제연합)이 매년 3월 22일 물에 대한 경각심을 일깨우기 위해 만든 날이다.

우리나라는 물 부족에 가까운 심각한 물 스트레스 국가이다. 하지만 사람들이 그렇게 느끼지 못하는 이유는 바로 우리나라의 취수시설이 아주 잘 갖추어져 있기 때문이라고 한다. 최대한으로 물을 취수해서 사용하기 때문에 물이 부족하다는 것을 실감하지 못하지만, 이 때문에 실은 강과 하천의 생태계는 스트레스를 받고 있다고 했다. 그리고 정말 놀란 건 우리나라가 물을 수입하고 있다는 사실이었다. 바로 가상수. 내가 먹는 식품을 통해 물을 수입하게 된다는 것이다. 예를 들어 내가 좋아하는 망고는 해외에서 수입하니까 망고를 생산하는 데에 들어가는 물을 수입하는 것과 마찬가지가 되는 것이다. 우리나라 1인당 1일 평균적으로 사용하는 물의 양이 무려 295ℓ라니. 500㎖ 생수병으로 줄을 세워 본다면 엄청난 양이 아닌가!

우리 집은 물을 아껴서 사용하는 편인 것 같다. 엄마는 쌀을 씻은 물을 설거지에 사용하기도 하고, 세수나 양치할 때 꼭 물을 받아서 사용하신다. 그리고 늘 우리에게 물 절약에 대해 말씀하시는 편이다. 오늘 물의 날에 대해 배우면서 나는 평소 물 사용 습관이 잘 만들어져 있는 것 같아 뿌듯하긴 했지만, 다른 사람들도 일상생활에서 물을 절약하는 습관을 들이도록 많이 알려야겠다는 생각도 했다.

우리가 이렇게 풍족하게 물을 사용하고 있는 동안 지구 반대편에 사는 누군가는 깨끗한 물 1ℓ를 얻기 위해 하루 6시간을 꼬박 걷는 사람들이 있다. 마실 물조차 없어서 흙탕물을 마시고, 깨끗한 물로 씻는 일은 상상조차 할 수 없는 그 사람들을 생각하면서 조금 귀찮더라도 물을 절약하는 습관을 길러야겠다고 다짐했다. 선생님은 대한민국이라는 풍요로운 나라에 태어났음에 감사함으로 끝나는 것이 아니라, 그렇지 못한 나와 같은 나이의 친구들을 위하는 마음을 가져야 한다고 하셨다. 그것이 바로 정의라고.

기후이변으로 물 순환에 변화가 생겨 지구상의 어디에는 가뭄이, 어디에는 홍수가 발생하고 있다. 지금 나에게 닥친 상황은 아니더라도 많은 사람이 이런 문제에 대해 함께 고민하고, 물이 부족한 나라에 물을 공급하는 기술을 개발하는 훌륭한 사람들이 생기면 좋겠다. 물론 기술이 아무리 뛰어나더라도 물이라는 자원이 없어진다면 다 소용없는 일이기에, 다 함께 물의 소중함을 알고 절약하는 습관을 기르는 것이 가장 중요할 것이다.

오늘 나는 물 절약 습관 방법으로 '변기에 생수병 넣기'를 정했다. 그리고 엄마와 함께 물을 채운 생수병을 넣었다. 이 방법으로 변기 물 사용의 절반을 줄일 수 있다고 한다. 혹시 물을 절약할 만한 다른 방법이 생각나지 않는다면 나와 같은 방법을 사용해 보는 건 어떨까?

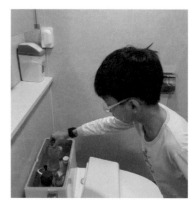

변기 물탱크에 생수병 넣기

물 먹는 하마가 아닌 물 먹는 청바지

이윤하

'청바지를 만드는 데에도 물이 든다고?' 게다가 청바지 한 벌이 그렇게 싼 데에는 값싼 노동력을 이용하고, 임금을 공정하게 지불하지도 않는 비밀이 숨어 있었다.

결론부터 이야기하면 청바지 한 벌을 만드는 데에 필요한 물은 약 7,000ℓ라고 한다. 청바지에 여러 번의 염색과 화학약품을 사용하기 때문에 생산하는 데에 상상 이상의 물이 든다는 것이다. 또 여러 번의 세척 과정을 거치고 염색하는 과정에서 배출되는 폐수가 늘고 이는 수질오염으로 이어진다는 놀라운 사실을 알게 되었다. 이는 청바지에만 해당하는 것은 아니다. 저렴하게 생산, 판매되는 거의 모든 옷은 친환경 소재를 사용하지도, 탄소배출을 줄이는 공정 과정도 없어서 물 소비량을 늘린다. 패선업계에서 배출되는 폐수가 전 세계 폐수의 20%나 차지한다고 하니, 많은 양이 아닐까 싶다. 또한 값싼 재질의 폴리에스터나 나일론 소재를 사용하여 옷을 만들게 되면 이를 세탁하는 과정에서 미세플라스틱이 나와 또 한 번 수질오염을 피할 수 없게 된다.

우리 반에서는 더 이상 입지 않는 청바지를 모으는 프로젝트를 시작했다. 청바지를 모아 업사이클링 업체에 보내면 좋은 제품으로 다시 태어날 것이라고 했다. 집에서 엄마와 함께 입지 않는 청바지를 정리해 보니, 부끄럽게도 꽤 많은 청바지가 나왔다. 나름 패션 감각을 중요하게 생각하다 보니 유행하는 옷을 자주 사 입기도 했고, '깔맞춤'을 위해 몇 번 입고 버릴 저렴한 옷을 꽤 많이 산 것이었다. 더 이상 입지 않을 것 같아 정리한 청바지를 보니 딱히 낡지도 않았고, 청바지의 특성상 깨끗하게 세탁만 하면 다시 새것처럼 입을 수 있는 옷들이었다.

며칠 후 꽤 많은 양의 청바지가 모였다. 우리 반 친구들 27명이 모은 것 치곤 생각보다 많은 양이었다. 하나씩 펼쳐 상태를 보니 정말 다 멀쩡한 옷이었다. 청바지 하나를 생산하는 데에 무려 7,000ℓ나 되는 물이 소비되었는데 잠깐 입혀지다가 버려지는 청바지를 보니 마음이 편치 않았다. 업사이클링으로 다시 태어날 계획이라고 하니 그나마 다행이라는 생각이 들었다.

결국 우리는 물 소비를 줄이기 위해서, 그리고 옷을 만드는 과정에 발생하는 온실가스를 줄이기 위해서도 패스트패션을 따르지 말아야 할 것 같다. '패스트, 빠른'. 사람들이 '패스트'라는 단어에 매력을 느끼고 있지만 패스트푸드, 패스트패션은 별로 매력적이지 않은 것 같다. 요즘은 환경과 건강 모두를 생각해 슬로우푸드가 대세라고 하는데 슬로우패션 또

한 지구를 살리고 물 절약을 실천할
수 있는 행동이 아닐까 하는 생각이
든다. 나 이윤하는 패션을 사랑하는
멋쟁이지만 단지 멋을 위한 불필요
한 옷은 최대한 사 입지 않겠노라
약속한다.

돌돌진프로젝트에 보낼 청바지 모으기

지구랭

지구랭은 많은 사람이 친환경 제품을 접할 수 있도록 경험을 모으고 나누는 회
사입니다. 22년 11월부터 지구랭은 '돌돌JEAN프로젝트'를 통해 입지 않는 청
바지를 모으는 캠페인을 펼쳤습니다. 전국 각지에서 청바지를 모아 세상에 하
나뿐인 업사이클 패션 제품으로 새로 만들었습니
다. 내구성이 강한 청바지의 특징을 살려 노트북 가
방과 파우치백으로 탄생했지요. 약 619장의 청바
지를 기부 받아 제품화했고, 이는 물 433만 ℓ를 절
약하고 20t의 이산화탄소배출을 줄이는 효과를 가
져왔습니다.

생활에서 실천할 수 있는 '물 절약 습관 TIP'

◆치약은 콩알만큼 사용하기

치약을 많이 짜서 사용하면 거품이 많이 발생하면 왠지 더 깨끗한 느낌
이 든다고요? 오히려 제대로 헹구지 않으면 치약 성분이 입 안에 남아
여러 문제를 일으킨다고 합니다. 또 한 가지, 고체치약을 사용해 보세요.
치약을 건조해 알약처럼 만든 고체치약은 방부제, 합성 계면활성제 등
유해 성분이 들어 있지 않아 몸에도 지구환경에도 좋아요.

◆샴푸, 린스 대신에 비누바, 클렌징바, 린스바 사용하기

샴푸바는 액체 샴푸에 들어가는 방부제, 합성 계면활성제, 인공 향료 등
의 유해 성분 대신 자연 유래 성분으로 만들어져 환경에도 두피에도 좋
아요. 무엇보다 거품이 필요 이상으로 나지 않아 물을 절약할 수 있죠.
또 플라스틱 용기를 사용하지 않게 되니 쓰레기도 줄일 수 있어요.

◆샤워 시간 줄이기

샤워 시간을 절반으로 줄이면 50%나 물 사용을 줄일 수 있습니다. 약
15분간 샤워를 하게 되면 약 180ℓ 의 물을 사용한다고 해요. 또 비누질
할 때는 수도꼭지를 잠그면 물을 더 절약할 수 있어요.

◆양치질할 때는 컵 사용하기

칫솔질 후에 입을 헹구는 약 30초 동안 수도꼭지를 틀어 놓으면 물 6ℓ
가 낭비됩니다. 컵에 물을 받아 사용하면 컵의 용량에 따라 물의 양을
조절할 수 있어 물을 크게 절약할 수 있어요.

Small Action Big Wave

🏛 **세계 물의 날** 교실에서 아이들과 함께한다면

① 하루 동안 사용하는 물의 횟수와 종류에 대해 이야기 나눕니다.

② 물을 사용할 때 습관에 대해 이야기 나눕니다.

　* 양치할 때는 컵에 받아 쓰는지, 수도꼭지를 틀어 놓은 채 사용하는지 등.

③ 우리나라 국민이 하루 평균 사용하는 물이 어느 정도인지 자료를 찾아봅니다.

④ 물을 절약할 수 있는 방법에 대해 브레인스토밍 해 봅니다.

⑤ 물 절약 방법 중 내가 한 달 동안 꼭 지킬 수 있는 약속을 적고, 친구들 앞에서 물 절약 습관 형성을 위해 실천할 일을 다짐합니다.

⑥ 가정에서 부모님께 물 절약 약속에 대해 이야기하고, 가족이 함께 행동할 것을 제안합니다.

🏠 세계 물의 날 가정에서 아이와 함께한다면

① 『우리나라도 위험해요, 소중한 물』을 읽고 우리가 먹는 것, 사용하는 것 등 모든 것에는 가상수와 물발자국이 있음을 이해합니다.

② 집에 있는 간식, 빵 등 식품 하나를 꺼내 생산과정에서 물이 필요한 순간을 떠올리고, 식품이 내 손에 들어오기까지는 어떤 단계를 거치게 되었는지 물발자국을 표시해 봅니다.

③ 눈에 보이지 않는 물, 눈에 보이는 물을 나누지 않고 물 자원을 아낄 수 있는 방법을 적어 봅니다.

④ 적은 내용은 모든 가족이 함께 공유할 수 있게 해당 장소에 게시합니다.
  * 예를 들면 '양치할 때는 양치컵을 사용해요'라는 문구를 욕실에 붙입니다.

📖 함께 읽으면 좋은 환경 도서

우리나라도 위험해요 소중한 물
남상욱 글, 김수연 그림 (뭉치)

눈에 보이지 않는 물인 가상수, 물을 사용하면서 남긴 물 발자국에 대한 이야기를 담았다.

핀란드 사람들은 왜 중고가게에 갈까?
박현선 글 (헤이북스)

끊임없이 생산되는 물건과 제대로 쓰이지 않고 버려지는 물건 사이에서 올바른 소비에 대해 말한다.

04

지구를 생각하는 먹거리

📅 지구의 날 4월 22일

먹거리에 대한 새로운 시선

아이들 손에 흙을 묻히는 일은 마치 숨을 쉬는 것처럼 소중하고 귀한 일입니다. 토양은 인간에게 먹거리를 제공하는 기반입니다. 땅 위의 모든 생명체가 살아가기 위한 생태계의 필수요소입니다. 심각한 기후변화는 토양을 작물이 더 이상 자랄 수 없는 상태로 만듭니다. 과도한 경작, 산성 비료와 무분별한 농약 사용으로 전 세계의 많은 토양이 오염되고 있습니다. 어쩌면 우리의 먹거리가 지속가능할까를 고민하는 날이 오게 될지도 모르겠습니다.

기후변화를 직접적으로 느끼는 많은 농업인은 이야기합니다. 기후변화와 기온상승은 토양오염을 가속화할 것이라고요. 기후변화 때문에 어떤 작물은 생산이 중단되고 농경지는 줄어들고 있습니다. 또 농약이나 화학비료를 사용해 농업을 하는 농산기업의 농법 때문에 토양 수명은 단축되고 있습니다. 이로 인해 먹거리 가격은 천정부지로 높아질 것이고, 결국 우리는 식량 난민이 될지도 모릅니다. 그뿐만이 아닙니다. 기온 상승은 예상치 못한 병해충을 발생시키고, 병해충를 막기 위해 과도한 농약이 사용됩니다. 이렇게 토양은 지속가능에서 점점 멀어질 것입니다. 결국 생산량이 적더라도 토양을 오염시키지 않는 유기농, 친환경 농업이 이루어져야 할 것입니다.

토양은 단지 작물 생산의 기능만 가지고 있는 것은 아닙니다. 탄소를 저장하고, 생물다양성 보존에도 기여하는 등 자연환경 보전에도 매우 중요합니다. 미래의 먹거리를 구할 아이들에게 토양을 올바르게 사용하는 방법을 교육하는 일은 기후위기에 대응하는 기초적인 일입니다.

편리하고 값싼 먹거리의 함정

오래전부터 우리는 토양에서 먹을 것을 얻고, 또 토양으로 돌려보내는 선순환을 만들었습니다. 그런데 언제부터인가 먹거리는 더 이상 우리 손으로 생산하지 않는, 응당 사 먹는 소비 품목이 되었습니다. 게다가 싸게 들여오는 수입 농산품은 경제적 효율성이 뛰어나 국내산 농산물보다 오히려 더 자주 찾기도 합니다.

먹거리를 값싸게 살 수 있다면 좋은 일 아니냐고요? 우리나라에서 생산되는 농산물은 경제성을 따져보면 효율성이 좋지 않습니다. 산간 지역이 많아 재배 가능한 곳의 땅값은 높고, 노동력은 비싸며, 농기구마저 값이 상당합니다. 즉 생산 단가가 높은 편입니다. 그래서 농산물 대부분을 바다를 건너 대륙에서 수입하는 데 의존합니다. 가끔 출출할 때 찾는 라면을 예로 들어볼까요? 수입산 밀가루, 수입산 돼지고기 또는 닭고기 추출물, 수입산 고추, 수입산 파 등이 들어 있어 국내산 재료를 찾아보기 힘듭니다. 특정 작물만 한정하여 재배하는 나라가 넓은 경작지에서 대량의 작물을 재배하여 싼 가격에 수출하기 때문입니다.

만약 이런 나라가 어느 날 더 이상 작물을 재배하지 못한다면 어떤 일이 발생할까요? 이상기후 현상으로 전 세계에서 극단적인 가뭄과 홍수, 병해충 등이 발생하고 있습니다. 작물을 대량재배하는 나라는 어쩔 수 없이 대량의 농약과 산성 비료를 사용합니다. 이로 인해 땅은 결국 더 이상 작물을 재배할 수 없는 황폐한 땅이 됩니다. 2010년 밀 가격이 크게 상승했던 적이 있습니다. 거대한 밀 수출국 중국에 지속된 가뭄과 이례적 홍수가 발생해 밀 생산량이 크게 줄었기 때문입니다. 중국은 국내 수요를 충당하기 위해 수출을 금지했고, 전 세계는 식량부족에 시달렸습니다.

1847년에 발생했던 아일랜드 대기근 사건도 마찬가지입니다. 당시 아일랜드는 한 가지 품종인 감자를 집중적으로 재배하고 있었는데 감자잎마름병이 돌았습니다. 더 이상 감자를 재배할 수 없었고 많은 아일랜드인이 굶어 죽었습니다. 만약 단일 품종이 아닌 다양한 품종을 재배했다면 어땠을까요? 특정 전염병에 살아남는 품종은 그대로 남아 기근에 대비할 수 있었을 것입니다.

지속가능한 토양의 이용과 먹거리의 생산을 위해서 해외로부터 들여오는 값싼 먹거리의 소비가 답이 아닙니다. 기후변화, 기후위기 시대에 나의 먹거리를 스스로 재배하는 것이 필요합니다. 효율성이 떨어진다고 공업화된 농산물에 의존한다면 우리 먹거리의 미래는 매우 암울할 것입니다.

생태텃밭을 생각하다

아이들과 텃밭 활동을 시작했습니다. 달포에 걸친 활동으로 작지만 풍요로운 텃밭에서 다음 세 가지를 수확했습니다. 첫 번째는 채소입니다. 상추, 토마토, 오이, 호박, 가지, 옥수수, 파, 고추, 콩. 아이들은

한뼘 텃밭에서 수확한 작물

자신의 맨손으로 토양을 일구고 물과 친환경 거름을 주며 식물을 자라게 합니다. 장마로 토마토가 쓰러지고, 폭염으로 고추가 마르는 일도 겪습니다. 이 모든 일을 자연이 하는 일임을 알게 됩니다. 두 번째는 작은 토양의 세계에서 일어나는 생명들의 역할을 알게 된 것입니다. 아이들은 채소의 생장을 위해 지렁이를 놓아주고 작은 텃밭의 세계에서 일어나는 이상한 나라의 신비로움을 알게 되었습니다. 세 번째는 내 손으로 먹거리를 키우고 수확하는 그 기쁨을 다른 사람들과 공유한 것입니다. 직접 재배한 채소를 나누며, 주변 사람들과 경험을 공유하는 일은 해 보지 않으면 말하지 못하는 값진 수확이었습니다.

기후변화에 대응하고 미래의 먹거리 문제를 해결하기 위해서는 가까운 먹거리 소비, 친환경, 유기농 재배에 대한 새로운 시선이 필요합니다. 토양은 작물을 재배하는 기능 이외에 거대한 탄소 창고이며, 생물다양성을 보존합니다. 텃밭 활동을 통해 우리의 아이들은 지속가능한 토양의 이용, 내 먹거리를 내 손으로 재배하는 노동력의 가치, 푸드발자국을 적게 남기

는 가까운 먹거리 소비의 중요성, 오직 자연에만 의존하여 생산하는 친환경 농법의 먹거리 재배에 대해 알고 실천하게 되었습니다.

나의 먹거리가 남기는 발자국, 푸드마일리지

모든 마일리지는 쌓일수록 좋지만, 푸드마일리지는 예외입니다. '푸드마일리지'란 먹을거리가 생산자의 손을 떠나 소비자의 식탁에 오르기까지의 이동 거리를 말합니다.* 필리핀의 바나나가 우리 식탁에 오기까지, 칠레산 포도가 우리의 식탁에 오르기까지 생산에서부터 수확, 그리고 운송하는 과정에서 남겨지는 탄소발자국은 얼마나 될까요? 우리 밥상에 올라온 먹거리들이 남기는 푸드발자국. 푸드발자국이 많을수록 점점 쌓이는 푸드마일리지는 우리 환경에 어떤 이야기를 전할까요?

발리에 있을 때의 일입니다. 샐러드 재료를 사기 위해 가게에 들렀는데, 아보카도가 눈에 띄었습니다. 산처럼 쌓인 아보카도는 우리나라에서와는 다르게 값이 매우 저렴했습니다. 로컬푸드의 장점인 셈입니다. 우리나라에서 아보카도를 먹으려면 비쌀 수 밖에 없습니다. 아보카도는 열대과일이라 우리나라에서는 수입에 의존해야 하고, 우리나라까지 올 때 수천 킬로미터를 이동해야 하니까요.

이동하는 과정을 살펴볼까요? 거리가 멀어서 운송 연료가 많이 들 뿐아니라, 상하지 않도록 적정 온도를 유지하는데 에너지가 듭니다. 많은 온실가스를 유발할 수밖에 없습니다. 그만큼 탄소발자국은 커지겠죠. 즉

* 푸드마일리지 계산방법: 식품 수송량(t)×수송 거리(km)

아보카도는 푸드마일리지가 높은 식품입니다.

게다가 최근 아보카도는 슈퍼푸드로 불리며 큰 인기를 얻고 있습니다. 그런데 아보카도를 만드는 과정은 환경적이지도, 윤리적이지도 않습니다. 대기업에서는 아보카도 농장을 만들기 위해 원주민을 강제로 내쫓았습니다. 또 숲을 파괴해 동물들의 서식지를 빼앗았습니다. 그뿐만이 아닙니다. 아보카도는 다른 과일에 비해 물을 많이 필요로 하는 과일이라서, 주민들 식수가 부족해도 아보카도 농장에는 물을 댑니다.

윤리적이지 않고, 푸드마일리지도 높은 아보카도 대신 우리나라에서, 인근 지역에서 생산되는 과일과 채소, 로컬푸드를 소비하는 것에 대해 생각해 볼 때입니다. 일상에서 실천할 수 있는 로컬푸드 운동은 어렵지 않습니다. 지역 농산물을 이용하거나, 친환경 인증을 받은 식재료를 구매하면 됩니다.

또는 텃밭을 가꾸어 재배한 채소를 먹으면 더 좋겠지요. 집 마당이나 아파트 베란다에 한뼘 텃밭을 만들고, 그곳에서 키운 작물로 우리 식탁을 채워 보는 것은 어떨까요? 한뼘 텃밭에서 토양 속 무수히 많은 미생물의 이야기를 들어 보고, 토양이 주는 기쁨을 느끼며, 안전한 먹거리를 수확하는 신비로운 경험을 더 많은 사람이 누릴 수 있기를 바랍니다.

4월 22일은 지구의 날입니다. 땅 위의 모든 생명체가 살아가기 위한 생태계의 필수요소인 토양이 심각한 기후변화로 메말라가고 있습니다. 기후변화를 늦출 수 있는 온실가스 감축을 위해 푸드마일리지가 낮은 로컬푸드에 대해 이야기 나눕니다. 여기서 더 나아가 '내 먹거리는 내 손으로' 키워 보며, 탄소발자국도 줄이고 친환경 농법으로 토양도 오염시키지 않는 실천적 프로젝트를 진행합니다.

스티로폼 박스에서 생명이 태어나다

남수영

작물을 심는 날이다. 집에서 가져온 스티로폼 박스, 양파망으로 한뼘 텃밭이 완성된다니 생각만 해도 신기했다. 먼저 선생님은 스티로폼 박스를 뒤집어 칼로 십자 모양을 뚫었다. 나중에 물이 빠져나갈 구멍이다. 십자 모양으로 뚫은 자리에 양파망을 깔고 흙으로 덮었다. 보통 밖에서 키울 때는 배수가 잘 되어서 두둑을 높게 하면 되지만 교실에서 키울 거라 화분 밑에 마사토라는 것을 깔아 '배수층'을 만들어 주었다. 선생님이 작물이 잘 자라려면 지렁이 분변토가 아주 좋다고 하셨는데, 그 말을 듣자마자 영웅이가 지렁이를 잡으러 나가겠다고 해서 반 아이들이 크게 웃었다.

드디어 작물을 심었다. 나는 씨앗을 심는 건 줄 알았는데 선생님은 모종을 준비하셨다. 여기서 꿀팁! 토마토 모종을 심을 때에는 그 조그만 화분에서 꺼내 돌돌 말려있는 뿌리를 조금씩 끊어주는 게 좋다고 한다. 그럼 나중에 뿌리를 더 잘 내린다고 했다. 처음에는 흙을 만지는 게 조금 어색했다. 손에 묻은 흙을 자꾸만 털어내고 싶었다. 그런데 선생님은 아이들이 흙을 만지는 건 아주 중요하다고 그리고 우리가 작물을 키워 낼 흙을 손으로 느껴 보고 냄새도 맡아 보라고 하셨다. 뭔가 쿰쿰한 냄새가 났다가 또 자연의 냄새가 나기도 하고, 흙냄새를 맡는 것은 처음이라 신기했다. 내가 오늘 심은 이 모종이 튼튼한 토마토로 자랄 거라니! 상상만 해도 즐거운데 나중에 내 손으로 직접 열매를 따게 되면 어떤 느낌일까?

'내 먹거리는 내 손으로'. 선생님은 이 말씀을 자주 하셨다. 옛날 사람들은 식구들이 먹을 식재료를 농사를 지어 구했는데 우리는 그냥 사 먹으면 되는 세상에 살고 있다. 편리해서 좋은 점도 있지만, 그 안에는 또 다른 환경문제가 있다고 한다. 이렇게 직접 내 손으로 작물을 키우고 나중에 열매를 수확할 수 있는 경험을 할 수 있게 되어 너무 뿌듯하다.

한 달여 시간이 지나고 스티로폼 박스에 심었던 작물들은 키가 많이 자랐다. 방울토마토에서도, 고추와 호박, 오이에서도 꽃이 피고 그 끝에 열매가 맺히기 시작했다. 내가 심은 작물이 키가 자라고 꽃망울이 생기고 꽃이 피고 열매가 열리는 과정을 보는 건 신비로운 일이었다. 그렇게 나의 한뼘 텃밭에서는 새로운 일들이 매일 일어났다. 등굣길이 그렇게 즐거울 수가 없었다. 오늘은 또 얼마나 자랐을까?

한뼘 텃밭에 심은 방울토마토

꽤 달라진 나의 한뼘 텃밭

김서영

매일 아침 등굣길에 내 작물을 보러 간다. 작물은 농부의 발걸음 소리를 듣고 자란다고 했다. 생각해 보니 맞는 말이다. 예전에 식물에게 좋은 말을 했을 때 잘 자라고, 나쁜 말을 했을 때는 시들어 죽게 되는 영상을 본 적이 있다. 그게 사실이라면 작물은 농부의 걸음 소리를 듣고 자라는 것이 맞을 것이다. 그래서 나는 내 작물을 잘 키우고 싶어서 매일 아침 등굣길에 축구공 텃밭에 들른다.

처음 스티로폼에 심었던 작물이 키가 자라고 덩치도 커져 선생님이 넓은 텃밭으로 옮기자고 하셨다. 스티로폼 박스 텃밭에서 뿌리를 많이 내린 우리 반 작물들은 진짜 더 넓은 텃밭이 필요해 보였다. 그런데 며칠 연속해서 비가 왔다. 파는 생각보다 잘 버텨주었는데 오이와 호박은 조금 자라면서 썩어버리는 것들이 있었다. 그 모습을 보니 안타까운 생각이 들었다. 장마 기간이 지나도 비가 멈추지 않고 홍수가 났을 때 엉망이 된 밭을 보며 절망에 빠질 수밖에 없었던 농부의 마음을 조금이나마 알 것 같았다. 자연의 힘으로 버티는 작물은 기후가 가장 중요한 요소였다. 정말 이대로 점점 더 기후변화가 심해진다면 우리가 먹을거리가 없어지고, 또 농산물의 가격은 더 높아질 수도 있는데 조금 걱정이 되기도 한다.

오늘 우리는 잘 자란 작물을 수확했다. 우리 반에서는 방울토마토, 파, 고추, 오이, 가지, 호박을 심었는데 나에게는 호박을 수확할 수 있는 기회가 왔다. 내가 심고, 키우고, 잘 자란 열매를 직접 따 보는 일은 난생처음이었다. 늘 엄마가 반찬거리를 사 오시고 요리를 마친 후에야 볼 수 있던 호박이었는데 말이다. 마치 아주 작은 아기를 다루듯 조심조심 열매

호박꽃, 열매, 그리고 호박으로 만든 반찬

를 땄다. 선생님께서 집에서 꼭 오늘의 수확물로 맛있는 반찬을 해서 먹으라고 하셨다. 엄마는 호박을 보시더니 호박 부침을 해 먹으면 되겠다고 하셨다. 와, 정말 내가 키운 작물을 수확해서 음식을 해 먹을 수 있는 날이 오다니. 처음 맛보는 경험이라 그 기분은 말할 수 없이 기뻤다.

'내 먹거리는 내 손으로'의 결과를 경험할 수 있어서 정말 좋다. 이 경험을 바탕으로 앞으로 우리 집 베란다에서도 작물을 키울 수 있겠다며 엄마께서 나에게 기대하겠다고 하셨다.

우리나라에 값싼 수입 농산물이 들어오고, 우리나라 농업이 손해를 보는 부분이 많아지고, 대량생산으로 농약은 많이 사용되고 토양은 몸살을 앓고 있는데, 이렇게 직접 농약을 사용하지 않고 친환경으로 먹거리를 기르는 사람들이 많아지면 정말 좋겠다는 생각을 해 본다.

Small Action Big Wave

🏛 지구의 날 교실에서 아이들과 함께한다면

① 지구의 날 아이들이 할 수 있는 다양한 환경활동, 기후행동에 대해 이야기 나눕니다.

  * 학교 주변 쓰레기 줍기, 전등 끄기, 다회용품 사용하기 등 다양한 의견이 나오겠지만, 4월 식목일의 의미를 더해 작물을 심어 보는 활동으로 유도하면 좋아요.

② 아이들과 함께 한뼘 텃밭을 만듭니다.

③ 화분을 준비합니다.

  * 교실에서 사용할 수 있는 화분을 사용해도 좋지만, 버려지는 스티로폼 박스 등을 활용하면 더욱 좋습니다.

④ 4월에 심을 수 있는 모종을 잘 선택합니다

  * 덩굴 작물에는 수세미, 작두콩, 여주, 호박, 오이 등이 있고, 열매를 많이 맺는 작물에는 고추, 파프리카, 가지, 토마토 등이 있습니다. 교실이나 학교 텃밭의 상황에 맞게 선택하세요.

⑤ 매일 작물이 자라는 모습을 관찰하고, 자연의 힘으로만 자라는 작물의 신비로움도 느낍니다.

⑥ 잘 자란 작물들은 아이들 손으로 수확하게 하고 가정으로 가져갑니다.

  * 저녁 반찬은 꼭 아이들의 수확물을 이용할 수 있게 학부모님들께 부탁드립니다.

⑦ 식탁에서 가족과 함께 나누며 작물 재배, 수확의 기쁨을 이야기합니다.

🏠 지구의 날 가정에서 아이와 함께한다면

① 아이가 가장 좋아하는 채소를 고르도록 합니다.

② 마당 또는 베란다에서 키울 수 있는 적당한 화분을 준비합니다.

③ 아이가 직접 손으로 흙을 만지고 모종을 심을 수 있도록 합니다.

④ 모종의 이름을 정하고 예쁜 팻말도 만듭니다.

⑤ 매일 작물에게 인사하고, 작물이 잘 자라는지 관찰합니다.

   * 작물 키우기 일기를 써도 좋아요. 자라는 모습을 그림으로 그려 잘 보이는 곳에 게
     시해 주세요. 작물을 기르는 아이의 행동을 응원한다는 느낌으로 말이에요.

⑥ 나중에 다 자란 작물은 아이와 함께 수확하고 그날을 함께 기념합니다.

📖 함께 읽으면 좋은 환경 도서

열두 달 한뼘 텃밭
느림 글·그림 (보리)

아이들과 만들 수 있는 절기별로 텃밭 가꾸기에 대한
이야기를 담았다.

식량이 문제야
이지유 글 (위즈덤하우스)

우리에게 친근한 먹거리를 통해 알아보는 기후변화
이야기를 담았다.

기후행동
CLIMATE ACTION

적극적인 행동만이 지구를 구할 수 있다.
그래서 우리는 지금 어떤 선택과 행동을 할 것인가?

05

벌, 사라지지 말아요

📅 **세계 벌의 날** 5월 20일

제주도에 사라지는 꿀벌

5월 어느 날, 한라산 둘레길을 걷다 옆으로 난 샛길을 하나 발견했습니다. 그 길에 들어선 한 어르신을 뒤따라 빠른 걸음으로 걸었습니다. 한라산 둘레길을 걸을 땐 지도에 없는 주민들만 아는 길이 있기에 가끔 운 좋게 샛길을 걷는 사람이 보이면 그 뒤를 따라 걷습니다.

"어디를 찾아 감수꽈? 여긴 뭐도 어서('없다'의 제주도 방언)."

이내 어르신은 뒤돌아 물으셨고, 왠지 지도에 없는 좋은 곳이 나올 것 같아 따라 걸었다고 대답했습니다. 벌통에 가는 길이라고 하셨습니다. '아, 양봉을 하시구나' 하고 생각했습니다. 앞뒤로 걷다가 걸음 속도를 내게 맞춰주신 어르신은 요즘 통 맛있는 꽃이 없다며 혹시라도 산속 깊숙이 들어가면 맛있는 꽃꿀을 만날 수 있을까 하여 벌통을 옮겼다고 했습니다. 지난해 겨울 이전보다 추웠던 한파를 겪어 벌통을 많이 잃었다고 했습니다. 게다가 봄 벌 깨우기를 하는 동안 남아 있던 절반의 벌통을 또 잃었다고 했습니다. 예상치 못한 계속되는 비 때문에 벌통을 옮길 수 없었던 어르신은 한참 뒤에 이곳의 꽃을 발견했다고 말했습니다.

꿀벌들이 사라지면 농가는 얼마의 손실을 입을까? 작년에는 꿀벌 한 통에 15만 원이었지만, 올해는 20만 원이라며 사라진 꿀벌을 채우려면 큰맘 먹고 벌통을 사야 한다고 했습니다. 그저 벌들이 잘 적응하고 알을 많이 낳길, 그리고 날씨가 좋아 꿀벌이 제 일을 잘 해내기를 기대했습니다. 작년처럼 한파로 죽는 꿀벌, 폭염과 장마로 죽는 꿀벌이 많이 생기지 않게 기후가 안정적이기를 어르신과 같은 마음으로 바랐습니다.

어르신을 따라 더 들어가니 아카시아꽃 향이 물씬 풍겼습니다. 아카시아꽃은 꿀벌의 생장에 필요한 꽃꿀과 꽃가루를 제공하는 밀원식물입니다. 벌꿀 1kg을 만들려면 560만 개의 꽃이 필요한데 언제부터인지 아카시아꽃이 달지 않아 자꾸만 단 꽃을 찾아 산속 깊이 들어가게 되었다고 했습니다. 기후변화로 꽃은 빨리 피지만 영양분은 없는 꽃이 많아, 꿀벌도 꿀을 만들기 어려우니까요.

꿀벌의 개체수가 줄어들면서 연쇄적으로 생겨나는 일에 대해 들으니 왠지 참담했습니다. 꿀벌은 그 자체만으로도 경제적인 가치가 크지만, 생태계에서 중요한 역할을 하기에 멸종이라도 한다면 어떻게 될까? 예상할 수 없는 미래의 일이 괜히 걱정되었습니다.

혹시 괜찮다면 벌통을 볼 수 있을까 여쭸습니다. 이렇게 많은 꿀벌을 직접 본 적이 없어 겁이 났지만, 꿀벌의 긍정적인 모습만 생각하면서 꿀판을 구경했습니다. 그리고 그저 잘 살아남아서 맛있는 꽃꿀을 모으라고 꿀벌에게 말해 주었습니다.

전국적으로 꿀벌이 사라진 곳이 많아서 꿀벌 키우는 농가와 또 꿀벌로 꽃가루받이(수분)를 하는 과수 농가의 피해가 심각합니다. 기후변화, 방제제 오남용, 밀원식물* 부족 등으로 꿀벌이 사라졌다고 보고 있습니다. 물론 이를 해결하는 또 다른 시스템을 마련하고 기술을 개발할 수 있겠지만 어떤 방법으로도 자연을 이길 수 없습니다. 더 좋은 시스템, 더 발전된 기술을 개발하기 이전에 지구온난화로 기후이변을 겪는 지금의 현상을 다르게 바라보는 시각이 필요합니다.

꿀벌이 꽃가루받이를 돕다니!

지구상에 태어난 생물들은 사라지기도 하고 다시 생겨나기도 합니다. 때가 되면 자연 멸종을 겪는다는 것입니다. 하지만 오늘날에는 기후변화로 인해서 자연 멸종 전에 생물들이 사라지는 현상이 일어나고 있습니다. 대부분 생물은 온도에 영향을 받는데 그중 곤충은 그 영향을 크게 받습니다. 최근 지구온난화가 가속화되면서 봄꽃의 개화 시기가 빨라졌습니다. 문제는 여기 있습니다. 꽃은 벌써 폈지만 그걸 모르고 아직 겨울잠을 자는 벌이 개화 시기를 놓치면 꽃의 꽃가루받이가 잘 일어나지 않아 벌의 먹이는 점점 사라지고 벌도 점점 줄어들게 됩니다.

그러면 벌만 피해를 입는 것일까요? 꽃나무도 많은 피해를 입습니다. 열매를 맺으려 꽃가루받이를 하는 데는 주변의 도움이 필요합니다. 바람으로 꽃가루받이를 하는 풍매화, 새에 의해 꽃가루받이를 하는 조매화(예-동백나무의 동박새), 그리고 벌, 나비, 파리 등 곤충에 의해 꽃가루

---

* 밀원식물은 꿀벌이 자라는데 필요한 꽃꿀과 꽃가루를 제공합니다. 아까시나무, 밤나무, 벚나무, 토끼풀, 유채 등이 대표적입니다.

받이를 하는 충매화가 있습니다. 그중 꿀벌은 꽃가루받이를 가장 많이 하는 곤충이고요. 우리의 먹거리 중 1/3에 해당하는 주요 작물이 벌의 도움을 받아 꽃가루받이를 합니다. 꽃은 피었는데 벌이 없다면 어떻게 될까요? 꽃은 열매를 맺기 위해 존재하지만, 벌이 없어 그 의미를 다하지 못한다면요?

벌 역시 다른 곤충과 마찬가지로 다양한 생물이 사는 환경을 좋아합니다. 생물다양성이 중요한 이유이죠. 그런데 지구 곳곳에는 경제적인 이유로 단일경작을 하는 곳이 많습니다. 게다가 그곳에서는 벌에게 해로운 제초제와 살충제를 많이 사용합니다. 자연의 이치를 따르지 않아 일어나는 피해는 벌에게, 그리고 결국 우리에게 돌아올 것입니다.

정말로 벌이 사라진다면?

지구상에서 벌이 사라질지도 모른다는 이야기는 이미 10여 년째 듣고 있습니다. 많은 과학자가 꿀벌의 수가 줄어드는 현상에 주목하여 그 이유를 알아내기 위해 노력하고 있습니다. 겨우 벌 하나가 사라진다고 우리의 삶에 뭐 얼마나 큰 영향을 끼치겠냐고 생각한다면 그것은 큰 착각입니다. 벌을 키우는 사람들, 농사짓는 사람들은 벌의 수가 줄고 있음을 체감합니다. 벌을 빌려 와 꽃가루받이를 하는 사람들도 있거든요.

"만약 지구상에서 꿀벌이 사라진다면, 인류는 그로부터 4년 후 멸망할 것이다."라는 말은 —물론 이것은 일부 양봉가들의 꿀 가격 인상을 위해 인용되었던 말이지만— 아주 틀린 말이 아닐 거예요. 벌은 생태계에서 없어서는 안 될 중요한 역할을 하는 건 사실이니까요.

2006년부터 미국뿐만 아니라 전 세계에서 벌의 수가 급감하기 시작했습니다. 집 밖으로 나간 벌들이 돌아오지 않는 군집 붕괴 현상이 신문과 뉴스에 보도되었습니다. 그에 따르면 꿀벌에 기생하는 진드기가 창궐하고, 독한 살충제를 사용하고, 숲 파괴로 인해 서식지가 줄어든 것이 그 원인으로 밝혀졌습니다. 무엇보다 기후변화로 나타난 기상이변은 가장 대표적인 벌의 실종 이유였습니다.

우리가 생각하지 못하는 사이에 꿀벌은 꽃가루를 옮기는 역할을 해 우리에게 식량을 제공하고 있습니다. 많은 식품 중 아몬드는 100%, 사과는 90%가 벌 덕분에 열매를 맺습니다. 벌이 사라져 텅 빈 식료품 가게의 모습을 상상하는 것은 어렵지 않습니다. '겨우 벌 하나'가 사라지는 것으로 그치지 않는 것입니다.

야생벌이 쉬어갈 수 있는 공간, 곤충 호텔을 짓다

사회생활을 하지 않고 단독으로 생활하는 벌들이 있습니다. 바로 야생벌입니다. 야생벌은 땅에 구멍을 파 조용히 지내며, 혼자서 알을 낳고 살죠. 꿀벌처럼 벌통에 모여 살며 협력하거나 꿀을 생산하지 않지만, 다음 자손을 위한 식량을 모으는 데 온 하루를 보내는 것입니다. 이 과정에서 한 마리의 야생벌은 꿀벌에 비해 두 배 이상 꽃가루받이를 합니다. 사람들은 꿀벌에만 집중하고 있지만, 실은 우리가 잘 알지 못하는 야생벌의 역할도 엄청납니다.

그런데 야생벌이야말로 급격한 도시화로 서식지를 잃고 힘들게 살아가고 있지 않을까요? 생물다양성과 건강한 생태계를 생각한다면 야생벌을 보존하는 일도 매우 중요합니다. 최근 들어서, 여러 나라에서 벌 호텔을 만들어 야생벌이 충분히 쉬고 서식할 수 있는 공간을 마련하고 있습니다.

가끔 학교에도 날아 들어오는 야생벌이 있습니다. 그래서 반 아이들에게 꿀벌 이외에도 야생벌의 소중함에 대해 알려 주고, 함께 곤충 호텔을 만들었습니다. 야생벌의 쉼터인 벌 호텔을 만드는 일은 어렵지 않습니다. 야생벌은 대개 땅속에 구멍을 파서 알을 낳지만, 도시에서는 쪼개진 나무 틈, 돌 틈, 마른 나무 틈 사이에 먹이를 저장하고 알을 낳습니다. 그래서 산에서 나무토막과 작은 구멍을 좋아하는 곤충들을 위해 대나무와 잘 마른 나뭇가지들을 모아왔습니다. 무당벌레나 애벌레가 숨기 좋은 솔방울도요. 그렇게 재료들을 한데 모아 곤충 호텔을 만들었습니다.

그런데 집이 아니라 왜 호텔이라는 이름을 쓰냐고요? 야생벌은 5, 6월경 여러 개의 알을 낳고 대부분 2~3일만 머물다 떠나기 때문입니다. 벌이 떠난 곳에 또 다른 곤충이 와서 알을 낳고 또 쉬어갈 수 있다면 더 좋겠지요.

야생벌의 보존은 도시든 숲이든 어디서든 중요합니다. 도심에 벌 호텔 만들기는 우리가 할 수 있는 아주 쉬운 벌 보호 방법입니다. 오늘 당장 산에 가서 나무를 구하진 못해도 인터넷 검색으로 벌 호텔을 구입해서 설치해 보는 것은 어떨까요?

5월 20일은 세계 벌의 날입니다. 벌 하나는 작은 곤충일 뿐이지만, 이것은 생물다양성 측면에서 볼 때 그 연쇄효과는 결코 작지 않습니다. 계절을 번갈아 가며 벌이 좋아하는 밀원 식물을 심고, 벌에 대해 이해하고 벌이 살 수 있는 환경을 만드는 프로젝트를 진행합니다.

새삼 꿀벌에게 미안하다

배승빈

5월 20일, 오늘은 바로 세계 벌의 날이다. 환경 공부를 하면서 처음 들어 보는 날이 너무 많은데 '세계 벌의 날'이 있다는 게 또 너무 신기했다. 벌의 날이 있다는 건 벌이 소중하다는 의미이고 지켜야 한다는 것 같은데, 어떤 의미가 있을지 궁금했다.

캔디스 플레밍 글, 에릭 로만 그림

선생님은 오늘 세계 벌의 날에 맞추어 『꿀벌 아피스의 놀라운 35일』이라는 책을 보여 주셨다. 꿀벌의 일생에 관한 내용이었다. 손가락 마디보다도 더 작은 꿀벌이 겨우 35일을 사는 동안 얼마나 많은 일을 하는지 알려 주었다. 잠깐 내용을 간추려 말하면 이렇다.

꿀벌은 태어나서 방을 청소한다. 3일 후 분비샘이 부풀어 오르면 애벌레에게 먹인다. 8일이 되면 여왕벌을 돌본다. 태어나서 아직도 꿀벌은 날 준비가 안 된 것이다. 이제 12째 날이 되면 벌집을 짓는다. 밀랍으로 방을 만드는 일을 한다. 그리고 15일이 되면 다른 일벌이 가져온 꽃꿀을 머금었다가 뱉었다가를 반복하면서 벌꿀로 만드는 일을 한다. 도대체 언제 날지? 18일째가 되면 날 준비는 끝났지만, 아직 집을 지키는 일을 한다. 선생님이 여기까지 읽어주셨을 때 정말이지 너무 놀랍고 신기했다. 그저 꿀벌을 꽃들 사이를 다니며 신나게 꿀을 먹고 집으로 가서 벌꿀을 만드는 일만 하는 줄 알았기 때문이다.

드디어 25일째 날이 되었다. 꿀벌은 힘차게 부웅 하늘을 날아올랐다. 잠시 꿀벌이 되어 생각했다. 알에서 깨어나 벌집을 나서서 높은 하늘을 나는 순간은 어떤 기분이었을까? 하늘로 날아오른 꿀벌은 하루에 아홉 번 집을 오가며 꽃꿀을 나른다. 35일이 될 때까지 10일 동안 벌집과 꽃을 오가는 거리가 무려 8백 킬로미터나 되었다. 8백 킬로미터라고? 10일 동안? 우리 집에서 서울까지 왕복 거리보다 더 먼 거리인데, 그 작은 날개로, 그러다가 비를 만나기도 할 텐데. 대단하다는 생각도 들면서 얼마나 힘들까? 하는 생각에 가슴에 무언가 올라오는 것 같았다. 10여 일 동안 꿀벌은 3천 송이의 꽃을 찾으러 다닌다. 그리고는 벌꿀 1/12 숟가락을 만들어 낸다. 그리고 힘을 잃은 꿀벌은 영원히 쉰다.

하아, 선생님이 중간중간 설명을 넣어서 책을 읽어주셨는데, 여왕벌은 2~3년을 사는데 일벌은 겨우 35일만 산다고 했다. 하루에 그렇게 먼 길을 꽃을 찾아다닌 꿀벌을 생각하니 안타까운 마음이 들었다. 꽃꿀을 모으기 위해 매일 10일 동안 열심히 붕붕거리며 다녔을 텐데, 나는 그저 벌이

나를 쏘기라도 할까봐 이리 피하고 저리 피했던 것이 생각나 미안했다. 예전에 할아버지 산소를 벌초하러 아빠와 산에 간 적이 있다. 그때 내 주변을 자꾸 맴돌던 꿀벌 한 마리 때문에 나는 짜증을 내며 이리저리 피해 다녔고, 아빠는 조끼를 벗어 이리저리 휘둘러 꿀벌을 죽였다. 죄책감이 전혀 들지 않았다. 나에게 꿀벌은 그저 나를 괴롭힐 수도 있는 무서운 곤충이었기 때문이다.

꿀벌이 태어나 겨우 35일을 사는 동안 이런 일을 했다니. 그 수고와 노력으로 나는 맛있는 벌꿀을 먹을 수 있고, 맛있는 과일도 먹을 수 있던 거였다. 새삼 꿀벌에게 미안하고 고맙다.

꿀벌의 멸종에 관한 수업

꿀벌 프로젝트, 창원시청에 목소리를 내다

이로운

나는 딸기를 좋아한다. 과일 중에 딸기는 내가 손에 꼽는 과일이다. 그런데 선생님은 꿀벌이 사라지면 앞으로 딸기를 먹지 못할 수도 있다고 하셨다. 실제로 딸기를 길러내는 비닐하우스에서는 꽃가루받이를 위해 벌통을 가져다 놓는다고 했다. 그럼 꿀벌은 열심히 꽃을 오가며 열매를 맺도록 부지런히 일하고. 꿀벌은 과일과 채소의 꽃가루받이에 큰 역할을 하고 있으니 얼마나 고마운 곤충인지 모른다. 그런데 세계 벌의 날을 제정하여 기념해야 할 만큼 꿀벌이 멸종위기에 놓여 있다는 건 큰 문제인 것 같다. 우리 인간에게 이로운 꿀벌이 기후변화로 사라지고, 살 곳과 먹을 것을 잃어 가는 상황 때문에 미안한 마음이 들었다.

오늘 우리 반은 창원시청환경과에 보낼 편지를 썼다. 꿀벌의 서식지 마련을 위해 창원 도심의 유휴공간에 꽃을 심어달라는 내용이다. 또 기후변화로 멸종이 될지도 모르는 꿀벌을 위해 온실가스 배출을 줄일 수 있는 다양한 방법에 대해 편지를 썼다.

어른들은 우리보다 꿀벌이 사라지면 미래가 어떻게 되는지 더 잘 알 텐데 왜 꿀벌의 서식지 마련을 위해 애쓰지 않고, 그런 법도 만들지 않는 걸까?

사람들의 일회용품 사용이 늘어나면 그 물건을 만들어내는 데도, 운송하는 데도, 쓰레기를 처리하는 데도 많은 온실가스가 생길 텐데 왜 법으로 사용을 금지하지 않는 걸까? 정말 이대로 온실가스가 계속 더 많아지고 우리 지구가 1.5℃를 넘어서는 상황이 오면 그때 우리 아이들은 이 지구에서 어떻게 살아야 하는 걸까? 우리의 미래를 걱정해 주지 않는 어른들이 밉기도 하지만, 지금 우리의 미래를 위해 정책과 제도를 만들어 줄 수 있는 사람들은 어른이기 때문에 우리는 어른들에게 부탁할 수밖에 없다.

우리 반 친구들은 꿀벌 수의 회복을 위해 진심을 다해 시청의 직원에게 편지를 썼다. 앞으로 우리의 먹거리가 사라지지 않도록, 내가 좋아하는 딸기를 계속 먹을 수 있게, 꿀벌이 꽃이 없어서 꿀을 만들지 못하는 상황이 발생하지 않도록 밀원식물을 많이 심어달라고.

소중한 곤충, 꿀벌. 만약 꽃밭에서, 산에서, 공원에서 꿀벌을 만난다면 나는 고맙다고 말할 것이다. 그동안 알지 못했지만, 너희들의 수고로 내가 맛있는 과일을 먹고 있다고. 그래서 고맙고, 지켜주겠다고.

창원시청환경과에 보낸 편지

📖 함께 읽으면 좋은 환경 도서

비북(bee book)–생태계를 살리는 꿀벌 이야기
샬럿 밀너 글 (청어람아이)

기후변화로 인한 벌의 감소가 인간의 삶에 어떤 영향을 끼치는지 초등학생의 수준에 맞게 알려 준다.

지구에는 생물이 가득가득
닐 레이튼 글 · 그림 (재능교육)

생물다양성이 왜 중요한지, 또 사람들은 생물다양성을 어떻게 망가뜨리고 있는지 알려 준다.

Small Action Big Wave

🏫 세계 벌의 날 교실에서 아이들과 함께한다면

① 벌이 좋아하는 꽃은 따로 있습니다. 계절별로 벌이 좋아하는 꽃을 아이들과 함께 조사합니다.

  * 봄에는 샤프란, 눈풀꽃, 붓꽃, 여름에는 라벤더, 박하, 수레국화, 가을에는 해바라기, 세둠, 담쟁이덩굴 등이 있습니다.

② 모둠별로 꽃의 종류를 달리해서 학교 화단에 꽃을 심습니다. 이때 벌은 민들레, 토끼풀 같은 들꽃도 좋아하니 잡초는 너무 많이 뽑지 않도록 합니다.

  * 살충제 같은 원예용품은 화단을 깔끔하게 만들어 줄진 몰라도 벌들에게는 해로울 수 있어요. 그러니 화학약품은 사용하지 않아요.

③ 벌이 좋아하는 꽃을 심었으면 꽃이 잘 자랄 수 있도록 물을 자주 주고 돌봅니다.

④ 벌들이 꽃들을 얼마나 자주 찾아와 꿀을 먹는지 관찰합니다. 열심히 일하는 벌의 모습에 감동을 받을 지도 몰라요.

학교 화단에 꽃을 심는 아이들

🏠 세계 벌의 날 가정에서 아이와 함께한다면

① 베란다에 작은 정원을 만듭니다.

② 벌이 좋아하는 향기가 좋은 꽃을 함께 심습니다.

③ 아이 손으로 직접 꽃을 가꾸게 하고 벌이 찾아오는 날에는 그림일기를 적습니다. 벌이 와서 꽃에 앉는다면 아이가 큰일을 한 셈이니까요.

④ 자주 꽃을 관찰하고 벌을 관찰합니다.

　* 아이가 벌을 무서워 할 수 있지만, 벌은 우리와 아주 친밀한 곤충임을 알려 주세요.

⑤ 벌이 하는 일을 아주 자세히 알려 주고 아이가 좋아하는 과일은 벌의 꽃가루받이로 이루어졌다는 사실을 깨우쳐 주세요. 아이는 벌을 사랑하고 아낄 줄 알며 앞으로도 지켜야 하는 존재임을 알게 될 것입니다.

06

그 많던 새들은 어디로 갔을까?

📅 세계 생물다양성의 날 5월 22일
📅 야생동물 보호의 날 12월 4일

아이가 목격한 새의 유리창 충돌

어느 날 반 아이에게 문자가 왔습니다. 학교를 마치고 집에 가던 중 아파트 분리수거장 유리벽에 새 한 마리가 부딪혀 떨어지는 장면을 목격한 것이었습니다. 아이는 다급히 저에게 연락해서 새를 구조해 달라고 요청했습니다.

이런 일이 있기 며칠 전, 생물다양성의 날(5월 22일)을 기념해 기후변화와 도시 개발로 사라져 가는 새에 관한 수업을 했습니다. 우리 학교가 있는 지역 역시 이전에는 논과 밭, 나무가 우거진 시골 마을이었지만, 갑자기 많은 아파트가 지어지고, 큰 도로가 생겼습니다. 도시 개발로 인해 새를 포함한 많은 동물(고라니, 멧돼지 등)이 서식지를 잃었고, 로드킬이 자주 발생하게 되었지요. 더는 자연을 만끽할 수 없는 곳이 되어버렸습니다. 아이가 사는 아파트는 친환경적으로 보이게끔 나무를 꽤 심어 놓은 곳이지만, 분리수거장이 큰 유리창으로 지어져 있어 거기에 새가 충돌한 것이었습니다.

수업을 마치자마자 반 아이들과 함께 현장을 찾았습니다. 분리수거장 뒤쪽에 큰 나무들이 서 있어 나무를 향해 날아오던 새가 미처 유리창을 발견하지 못하고 충돌한 듯했습니다. 아이들은 아파트 관리사무소를 방문하여 새의 유리창 충돌에 관해 설명하였고, 또 발생할지도 모르는 조류 충돌을 방지하기 위해 '야생조류 유리창 충돌 저감 스티커(버드 세이버)'를 붙이면 어떻겠냐는 제안을 했습니다.

그거 알아요? 사람보다 새가 먼저였다는 거

> **"봄에 들려오는 새들의 합창 소리를 모르고 자라는 아이가 있으면 안 된다."**
>
> – 레이첼 카슨, 『센스 오브 원더』 –

새 소리가 요란해지면 봄이 왔다는 것을 알 수 있었습니다. 전깃줄에 총총 앉아 있는 참새들의 모습을 인용한 농담이 있었던 시절이 있었습니다. 4월이 되면 새들은 둥지를 틀고 새끼를 돌보느라 바쁩니다. 예로부터 복을 물어다 준다는 제비는 처마 끝에 집을 지어 살며 사람들과 친숙하게 지내기도 했습니다. 하지만 언젠가부터 봄이 되어도 새 소리를 들을 수 없게 되었습니다.

그 많던 새들은 어디로 갔을까요? 지구온난화로 인한 기후변화와 도시개발로 새들은 서식지를 잃고 있으며, 원래 새들의 서식지에 세워진 도시는 새들을 위협하는 공간이 되어 새의 개체수를 감소시키고 종 다양성을 파괴하고 있습니다. 원래의 서식 습성이 남아있는 새들은 자주 유리벽에 부딪혀 다치거나 죽었고, 새는 점점 원래 서식지를 떠날 수 밖에 없습니다. 남아 있는 새들도 저들의 서식지였던 숲이 사라진 공간에서 살아남기 위해 고군분투 중입니다. 아파트 베란다에 둥지를 틀기도 하지만 그것마저 허락하지 않는 집주인 때문에 새끼들을 잃기도 합니다. 그렇게 4월은 새들에게 잔인한 달이 되었습니다.

수많은 나무로 드리워진 울창한 초록 숲을 자유로이 날아다니던 새들은 도시의 울창한 아파트 사이를 힘겹게 비켜 날아다닙니다. 아파트에 조성한 자연친화적인 공간을 숲으로 착각하고 날아드는 새들을 그 앞에 세워진 통유리창이 막아섭니다. 아이러니합니다. 자연을 만끽하고자 진짜 자연을 망가뜨리고 있는 셈이니까요. 뿐만 아닙니다. 차의 소음을 차단하기 위한 목적으로 세운 방음벽은 떼를 지어 이동하는 철새들을 죽음으로 내몰고 있습니다.

자연환경에서는 생존에 적합한 개체가 살아남습니다. 하지만 도심에서는 인간이 만든 유리창이 새들을 죽게 합니다. 유리는 재질과 반사도에 따라 투명하게 보이기도 하고 반사하기도 합니다. 사람들도 가끔 착각하여 유리문에 부딪히기도 하지요. 사람의 눈은 얼굴 전면에 있음에도 종종 유리에 부딪히곤 하는데, 눈이 옆에 달린 새들에게 유리창이 보일까요? 맹금류를 제외한 대부분 새는 천적을 경계하기 위해 눈이 머리 측면에 달려있거든요. 그래서 유리창 같은 구조물을 인식하지 못합니다.

게다가 새들은 중력을 이기고 날아가기 위해 평균 36~72km의 아주 빠른 속도를 냅니다. 그래서 새가 유리창에 충돌했을 때의 충격은 아주 큽니다. 부리와 목이 부러지고, 뇌가 손상을 입어 죽습니다. 운 좋게 목숨은 부지했더라도 큰 부상을 입어 야생에서 살아남기 힘듭니다. 해외 연구 결과에 따르면, 미국은 연간 약 5억 9,900만 마리, 캐나다는 연간 2,500만 마리의 야생조류가 유리창에 충돌하고 있으며, 우리나라 역시 하루에 2만 마리, 1년에 800만 마리의 새가 다치거나 목숨을 잃는다고 합니다.

새가 지구환경과 어떤 관계가 있기에 새의 생명에 대해 이야기하는 것일까요? 새는 우리에게 많은 도움을 주는 존재입니다. 새가 지닌 생동감과 에너지는 우리에게 생기를 전합니다. 멋있게 비행하는 모습을 보면 우리도 저절로 활력이 생깁니다. 또 노래하는 소리를 들으면 우리는 마음의 편안함과 안정감을 느낍니다. 새를 만나기 위해 산을 찾는 이유가 여기에 있습니다. 새는 생태학적으로도 매우 중요한 역할을 합니다. 설치류와 곤충을 잡아먹어서 농작물 피해를 줄이고, 전염병을 예방해 줍니다. 또 꽃가루의 꽃가루받이에도 도움을 주어 열매를 맺고, 그 열매로부터 씨를 퍼뜨려 양분을 순환하는 데에도 큰 역할을 합니다.

새가 인간과 자연에게 얼마나 많은 도움이 되는지를 따지지 않더라도 존재 자체만으로도 소중한 존재입니다. 종종 잊고 지내지만, 우리 인간은 자연 속 생명체의 일부입니다. 우리와는 다른 별개의 존재로 생각할 것이 아니라 지구라는 집에서 우리와 함께 살아가는 생명체의 하나임을 알아야 합니다.

우리는 새들의 서식지를 빼앗고, 도시에 방음벽을 설치하고, 경관과 디자인을 위해 통유리창을 설치했습니다. 하지만 우리가 인간이라는 이유로 새들을 죽음으로 내몰거나 위험에 처하게 해서는 안 됩니다. 자연과 인간의 공존을 위한 노력이 필요한 때입니다. 그렇다면 유리창에 새들이 충돌하는 것을 막기 위해 우리는 무엇을 할 수 있을까요?

새를 사랑하는 사람들의 외침

반 아이들은 아파트 분리수거장에 야생조류 충돌 저감 테이프를 붙이자는 제안을 했지만, 아파트에서는 외관상 보기에 좋지 않아 주민 민원이 들어올 수도 있다고 거절했습니다. 우리가 사는 고층 아파트가 새들의 서식지를 빼앗았다는 것을 안다면 미안한 마음에서라도 반대할 수 없을 텐데, 아마도 그런 사실을 모를 것이라 생각했습니다.

이대로 새를 위한 활동을 그만둘 수는 없었습니다. 우리는 경상남도에서 생태교육을 총괄하고 있는 담당자의 도움으로 야생조류 충돌 저감에 관련한 정보를 얻었습니다. 경남 창원시에는 야생조류 충돌 저감에 관한 조례가 제정되어 있으며, 행정복지센터에서 허가 공문을 받아 주민의 찬성을 받으면 유리벽에 스티커를 붙일 수 있는 것이었습니다.

아직 갈 길이 멀지만, 새가 더 이상 충돌하지 않기를 바라는 아이들의 걱정 어린 마음과 앞으로도 이유 없이 죽을 새들을 생각하면 멈출 수는 없었습니다. 행정복지센터 관계자와 동네 이장님들을 한 자리에 모셔서 상황을 설명했습니다. 친환경 마을로 알려진 우리 마을에서 새가 방음벽에 부딪혀 죽어가는 일이 생기고 있으며, 같은 일이 발생하지 않도록 야생조류 유리창 충돌 저감 스티커를 붙이는 활동에 동참해 달라고요. 아이들의 노력에 감동한 것일까요? 드디어 아파트 관리사무소의 허락이 떨어졌습니다.

아이들과 아파트를 찾아가 유리벽에 스티커를 붙였습니다. 이때 스티커는 '5×10의 규칙'을 지켜 붙이는 것이 중요합니다. '5×10의 규칙'이란 유리창에 상하 간격 5cm, 좌우 간격 10cm 이내로 문양을 붙여 새들이 유리를 장애물로 인식할 수 있도록 하는 것입니다.

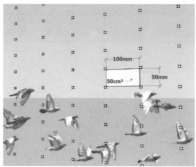

5×10 규칙 ©환경부

　여기서 멈추지 않고 새를 보호하기 위한 홍보 활동도 시작했습니다. 창원 시민이 참여하는 행사에서 부스를 열어 야생조류 충돌 저감 캠페인을 벌였습니다. 유리창 충돌로 죽은 새를 전시했습니다. 새의 죽음을 직접 눈으로 본다면 지키려는 의지가 더 강해질 것이기 때문입니다. 많은 부모님과 아이들이 부스에 방문했습니다. 도심에 사는 새들의 고통을 이미 알고 있던 몇몇 부모님들은 아이들에게 상황을 설명해 주셨고, 아이들은 하나같이 새의 죽음을 안타까워했습니다.

　야생조류 충돌에 대한 상황을 알리고 교육하는 것은 두 가지 이유에서입니다. 알게 되었다면 이런 일이 반복되지 않게 주변에 알려 달라는 것과 아이들이 어른이 되었을 때 인간과 새의 평화로운 공존을 위해 행동해 달라는 것입니다.

　야생조류 유리창 충돌 방지에 참여하는 방법으로 '네이처링'이라는 앱을 활용할 수 있습니다. 간단히 사진만 찍으면 GPS 정보와 촬영 정보를 바탕으로 충돌한 새와 주변 환경, 발견 위치와 날짜 정보가 자동으로 입력됩니다. 시민들이 조금만 관심을 가지면 야생조류 유리창 충돌이 어디

| 야생조류 충돌 저감 캠페인 부스 운영 모습 | 새의 죽음을 안타까워하는 아이들 |

서 자주 발생하는지, 어느 지역에 충돌 저감 장치가 필요한지 자료를 모을 수 있어서 이런 상황을 미리 방지할 수 있습니다.

📖 함께 읽으면 좋은 환경 도서

도시를 바꾸는 새
티모시 비틀리 글 (원더박스)

도시에서 새와의 공존을 위해 애쓰는 사람들의 이야기를 담았다.

라면을 먹으면 숲이 사라져
최원형 글, 이시누 그림 (책읽는곰)

초등학생의 관점에서 이해할 수 있도록 지구환경 문제를 이야기식으로 풀어쓴 책이다.

열두 달 환경 일기

5월 22일은 세계 생물다양성의 날입니다. 자연의 파괴와 기후변화로 인해 많은 생물이 서식지를 잃고 죽어갑니다. 자연의 생태계가 보존되어야 인간도 살아갈 수 있다는 것을 생물다양성 측면에서 함께 공부합니다. 높은 빌딩과 건물이 많은 도시에서 흔히 볼 수 있는 야생조류 유리창 충돌 사건을 해결하기 위한 한 방법으로 '야생조류 충돌 저감 스티커'를 붙이는 프로젝트를 진행합니다.

새들의 입장을 생각해 주세요

이윤하

벌써 두 번째 아파트 관리사무소를 방문하였다. 처음 방문했을 때 야생조류 충돌 저감 테이프를 붙이는 일을 허락해 줄 수 없다는 말을 아파트 관리소 소장님으로부터 들었기 때문에 또 방문하는 일이 쉽지만은 않았다. 제발 오늘은 허락해 주길 바라며 긴장되는 마음으로 방문했다. 주민들이 반대할 게 분명하다며 거절부터 하셨던 소장님은 다행히 오늘은 더 차근차근 우리의 이야기를 들어 주셨고 야생조류 충돌 저감 테이프를 붙일 수 있는 다른 방법을 생각해 알려 주셨다. 우리 아파

아파트 관리사무소를 찾은 모습

트에서 새가 더 이상 유리창 충돌로 죽지 않게 하려고 유리창에 고작 테이프 하나 붙이는 일이 이렇게 복잡할 줄은 정말 꿈에도 몰랐다. 그래도 창원시 조례에도 적혀 있으니 허락을 받을 수 있을 거라 기대한다.

문득 우리 아파트가 들어서면서 살 곳을 잃은 새들의 입장에서 생각해 보니 미안한 마음이 들었다. 정말로 우리 사람들은 지극히 작고 작은 새들의 보금자리마저 허락하지 못하는 걸까? 그렇다면 적어도 새들이 사람들이 만든 구조물 때문에 죽는 일 정도는 우리가 막을 수 있어야 하는 것이 아닐까? 새가 언제까지나 우리 옆에서 노래할 것이라 착각해서는 안 된다. 안전하게 둥지를 틀고, 먹이를 구하고, 새끼를 보듬어 줄 수 있는 공간이 필요한 것 같다.

"새들아, 미안해. 우리 인간들이 너희들이 살 곳을 다 뺏어서 말이야. 꼭 허락 받아서 너희들이 유리창 충돌로부터 안전할 수 있게 테이프를 붙여 줄게. 기다려!!"

개미들이 힘을 합치면 코끼리도 들어 올릴 수 있어요　이채영

드디어 아파트에서 야생조류 충돌 저감 테이프를 부착할 수 있도록 허락이 떨어졌다. 학교 수업이 다 끝난 후 선생님과 함께 아파트 분리수거장에 다시 다녀왔다. 유리창의 크기를 재고, 개수도 확인하였다. 유리창은 가로 120cm, 세로 150cm, 그리고 총 12개가 있었다. 선생님은 이렇게 높고, 많은 유리창을 우리가 다 붙이기엔 무리가 있다며 자원봉사단체에

도움을 구해야겠다고 하셨다. 난 아직 어려서 잘 모르겠지만 이 일이 이렇게 복잡하고 힘든 일이 될 줄 정말 예상도 못 했다. 우리끼리 테이프만 붙이면 되는 일인 줄 알았는데, 여러 단계를 거쳐 허락을 다 받아야 하고, 또 우리는 아직 초등학생이라 키도 작아서 어른들의 도움이 필요했다.

그래도 처음에 거절당했던 걸 생각하면 지금은 힘이 난다. 하루빨리 야생조류 충돌 저감을 위한 테이프 붙이기 활동을 하는 날이 오면 좋겠다. 나도 새를 좋아하는데 새들이 사람들 때문에 힘들어 하는 것 같아서 미안하고, 그리고 앞으로 더 사랑해야겠다는 생각이 든다.

며칠 뒤 우리는 자원봉사자 어른들, 대학생 자원봉사자 언니, 오빠들과 함께 작업을 할 수 있었다. '5×10'의 규칙을 지켜 반듯하게 유리창에 테이프를 붙였다. 생각보다 많은 시간이 걸렸지만 이제 더 이상 이곳에서 새들이 유리창 충돌로 생을 마감하는 일은 없을 것이라 생각하니 뿌듯하기만 했다. 선생님이 늘 말씀하시던 인간과 자연의 공존을 조금이나마 기대해 본다.

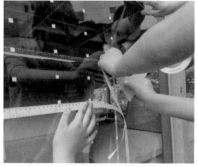

'5×10의 규칙'으로 버드 세이버 붙이기

Small Action Big Wave

🏛 **세계 생물다양성의 날 교실에서 아이들과 함께한다면**

① 우리 학교에 서식하는 새를 찾아봅니다.

② 새들의 쉼터를 위해 새집을 만듭니다.

③ 새집을 만들어 학교 나무에 매답니다.

④ 특히 겨울철에는 새들이 굶주리지 않도록 새집에 먹이를 놓아 줍니다.

⑤ 새의 중요성, 새와 사람의 공존에 대해 생각하는 시간을 가져 봅니다.

새집을 만드는 아이들

우유팩으로 만든 새집을 설치하는 아이들

🏠 세계 생물다양성의 날 가정에서 아이와 함께한다면

◆집 유리창에 야생조류 충돌 저감 그림 그리기

① 아파트의 유리창, 도로의 방음벽으로 많은 새들이 충돌하고 죽은 사실을 알려 줍니다.

② 도심 속 아파트는 야생조류 충돌이 잦으므로 '5×10 규칙'을 지켜 창문에 아이와 함께 점 또는 작은 무늬를 그려봅니다.

  * 유리용 마커펜 또는 유화 물감을 이용합니다.

③ 생태감수성을 키우는 활동으로, 새의 소중함을 담은 그림을 그리거나, 유리창 충돌로 목숨을 잃은 새에게 편지를 써 보는 활동도 좋습니다.

◆가정용 새집 만들기

① 조립용 새집 만들기를 준비합니다.

② 나무판에 아이의 손으로 새 그림을 그리도록 합니다.

③ 완성된 새집은 베란다에 둡니다.

④ 우리 집에 어떤 새가 오는지 관찰하며, 관찰일기를 써 보는 활동도 좋습니다.

옐로스톤 국립공원 생태계를 살린 늑대 열네 마리

생물다양성, 왜 중요할까요?

미국 서부에 있는 옐로스톤 국립공원은 생물다양성이 풍부하기로 세계에서 손꼽히는 곳이었습니다. 그런데 어느 날 늑대가 사라지면서 옐로스톤 생태계는 균형을 잃고 맙니다.

1800년대 이 지역 사람들은 목축업으로 생계를 유지했습니다. 그런데 늑대가 자주 나타나 가축들을 잡아먹었고, 가축은 점점 줄어듭니다. 사람들은 옐로스톤의 모든 늑

캐서린 바르 글,
제니 데스몬드 그림 (상수리)

대를 사살했고, 1926년 옐로스톤에는 늑대가 사라지게 되었습니다. 옐로스톤은 어떻게 되었을까요? 늑대가 사라지자 옐로스톤의 생태계는 바뀌기 시작합니다. 최상위 포식자인 늑대가 사라지자 옐로스톤에는 초식동물 수가 급격히 늘었습니다. 초식동물은 풀이며 묘목까지 다 먹어 치웁니다. 나무로 자랄 틈도 없이 말이지요. 그렇게 생태계 균형은 완전히 깨집니다.

그 후로 70년이 지난 1995년 캐나다에서 들여온 늑대 14마리를 옐로스톤 국립공원에 풀어놓았습니다. 그러자 늑대들은 최상위 포식자의 역할을 해냅니다. 늑대들은 초식 동물 엘크의 수를 정상화시켰고, 엘크가 줄어들자 곳곳에는 다시금 나무와 풀이 자라고, 서식지가 생기고 먹이가 늘자 사라졌던 새와 작은 초식동물들이 돌아왔습니다.

옐로스톤의 사례는 생물다양성이 얼마나 중요한지 말해 줍니다. 생물 한 종

이 멸종하면 곧바로 생태계 전체는 균형을 잃고 망가집니다. 반대로 생물종이 복원되면 생태계는 '자연스럽게' 회복됩니다. 옐로스톤 국립공원의 늑대 복원은 생물다양성의 기적이라 불립니다.

우리나라 곳곳에서도 무너진 생태계 균형을 바로잡기 위한 다양한 노력이 이루어지고 있습니다. 국립생태원, 우포늪생태교육원 등 여러 기관에서 생물다양성 보전을 위해 멸종위기에 놓인 동물의 복원 사업을 꾸준히 진행하고 있지요. 그중 토종 늑대 복원에 대한 필요성은 앞선 옐로스톤의 사례를 들어서 계속해서 나오고 있습니다. 이에 환경부는 안전성을 최우선에 두고 늑대 복원을 검토 중입니다. 늑대도 엄연한 맹수이므로 먹이가 풍부하지 않으면 언제 인간을 공격하거나 해를 입힐지 모르니까요. 늑대를 복원하는 일은 초식 동물, 육식 동물의 개체수를 조절하는 것에서 나아가 생태계 전체를 건강하게 회복하는 일입니다.

매년 5월 22일 유엔(국제연합)에서 정한 '세계 생물다양성의 날'입니다. 생물다양성은 지구 각지의 자연계에 다양한 생물이 존재할 때, 건강한 생태계가 보전될 수 있음을 말해 주는 하나의 지표입니다. 그래서 기후위기 시대에 생물다양성을 보존하는 일은 지구 전체의 생태적 균형을 유지함으로써 기후를 조절하고 자연환경을 정화하기 위해 꼭 필요한 일입니다.

07

새하얌 속에 가려진 불편한 진실

📅 바다의 날 5월 31일

세상 편한 물티슈

물티슈는 언제부턴가 우리 일상에서 없어서는 안 될 물건이 되었습니다. 가정에서, 식당에서, 회사에서, 자동차에서 사용하기 쉽게 곳곳에 물티슈를 놓아둡니다. 심지어 학교나 유치원에서는 새 학기 준비물로 절대 빠지지 않습니다. 가끔 외출 시 깜빡하고 물티슈를 챙기지 못했을 때 그 불편함이란. 우스갯말로 21세기 가장 위대한 발명품이 물티슈라고 하는데, 쓰면 쓸수록 요긴한 물건임엔 틀림없는 것 같습니다.

물티슈가 없을 때는 어떻게 살았나 싶지만, 물론 화장지가 많이 쓰였습니다. 하지만 화장지는 대부분 재생 펄프로 만들기 때문에 물에 젖으면 잘 찢어지고 먼지가 날리고 말라붙은 오염물질은 잘 안 닦이는 등 단점이 있습니다. 이런 점 때문에 우리는 물티슈를 더 자주 사용하는 것 같습니다.

사실 물티슈는 '화장지'보다는 '수건'에 더 가깝습니다. 폴리에스터, PET, 면 등 천연펄프가 아닌 질긴 합성 섬유로 만들기 때문입니다. 그래서 잘 찢어지지 않는 데다가, 수건을 빨아 쓰는 것보다 위생적이고, 한 장씩 뽑아 쓸 수 있어서 편리합니다. 이렇게 모든 걸 다 갖췄으니 사람들이 물티슈를 사랑하는 것은 당연한 것 같습니다. 물티슈가 환경오염의 주범이라는 사실은 모른 채 말입니다.

이렇게 우리의 일상에 깊이 들어와 있는 물티슈는 누가 발명했을까요? 미국의 생활용품 기업인 킴벌리 클라크(Kimberly-Clark), 우리나라에서는 유한킴벌리로 알려진 이 회사에서 처음 시판되었고 지금은 우리나라에서도 유아용 물티슈를 시작으로 다양한 제품이 나오고 있습니다. 물론 초기 물티슈는 방부제와 살균제 성분이 함유되어 있어 유해성 논란이 있었지만 이후 성분 등 적합한 기준을 적용한 제품들이 나오면서 여전히 사용되고 있습니다.

물티슈가 플라스틱이라고?

여기에 코로나바이러스가 확산하면서 개인의 위생에 대한 경각심이 높아지고, 방역 지침이 강해지면서 한때 물티슈의 소비량이 크게 늘었습니다. 너도나도 가방 안에 살균 물티슈를 가지고 다녔고, 식당, 학교, 회사, 공공기관 등 살균소독 물티슈가 비치되어 있지 않은 곳이 없었습니다. 코로나19 사태와 맞물려 물티슈 소비량이 늘면서 연 매출액이 5,000억 원대에 이르렀다면 믿을 수 있을까요? 사실상, 증가하는 인구를 생각하면 앞으로도 물티슈의 소비량은 점점 증가할 것입니다. 그런데 물티슈 사용은 정말 이대로 괜찮을까요?

물티슈는 엄연히 합성섬유 제품입니다. 공중화장실에서 '변기에 물티슈를 넣지 마세요.'라는 문구를 흔히 볼 수 있습니다. 물티슈의 원료가 플라스틱이기 때문에 물에 분해되지 않아 하수도와 배관이 막히는 문제가 발생하기 때문입니다. 또 하수도를 통해 강이나 바다로 흘러간 물티슈는 바다 생태계를 오염시키기도 합니다. 하지만 여전히 사람들은 물티슈를 펄프라고 생각하여 그대로 변기에 흘려보냅니다.

플라스틱은 대표적인 환경오염 물질입니다. 물티슈 역시 깨끗하고 위생적이라는 이미지 뒤에 환경오염 물질이라는 이름을 숨기고 있을 뿐, 환경에 큰 부담을 주는 오염물질입니다. 플라스틱 원료로 만들어진 데다가 재활용이 되지 않기 때문이지요. 일반쓰레기로 분류되어 소각되는 과정에서 다이옥신 등 유해 물질을 배출하여 대기오염을 일으킵니다. 땅에 묻더라도 문제가 발생합니다. 분해되기까지 100년 이상 걸리며 분해 과정에서 미세플라스틱이 되어 토양오염을 가져오기 때문입니다. 게다가 혹시라도 바다로 흘러 들어간 물티슈는 미세플라스틱을 배출하면서 해양오염도 일으킵니다. 이에 환경노동위원회에서는 일회용 물티슈 사용 억제 법안의 필요성에 대해 언급하기도 했지만 뚜렷한 법적인 장치가 아직은 없습니다.

생분해 물티슈, 비데용 물티슈는 친환경?

최근 생분해 물티슈가 개발, 시판되었다는 뉴스가 보도되면서, 물티슈의 환경오염 논란이 해결되는 것 같았습니다. 말만 들으면 생분해 물티슈는 환경오염과는 관련 없는 친환경적인 제품 같지만, 사실은 그렇지 않습니다. 생분해 인증은 소각(불에 태우는 것)보다 매립(땅에 묻는 것)이 덜 유해할 때 주어집니다. 즉, 물티슈 쓰레기를 태워 없애는 것보다는 땅에 묻었을 때 오염물질이 덜 나온다는 것뿐입니다. 더군다나 땅 온도가 58℃ 이상이 되어야 스스로 분해되기 때문에 생분해 제품이라 할지라도 완전히 분해되는 것이 아닙니다. 게다가 2025년이 되면 생활쓰레기는 매립할 수 없으니 이제 생분해된다는 것이 더 이상 친환경이라는 말이 될 수 없게 되었습니다.

그렇다면 비데용 물티슈는 어떨까요? 사실 비데용 물티슈는 환경에 대한 인식에서 만들어졌다기보다는 사람들이 화장실에서 물티슈를 사용하지 못하자 이를 개선하고자 생겨난 제품입니다. 이 제품의 원료는 천연펄프와 레이온입니다. 천연펄프와 레이온은 둘 다 자연에서 생분해되는 소재이므로 플라스틱 쓰레기에 대한 걱정은 덜었습니다. 하지만 레이온은 만드는 과정에서 유해물질이 발생하니, 100% 친환경이라고 볼 수는 없습니다. 게다가 물티슈가 정화되는 과정에서 환경오염을 일으키지 않는다고 직접 인증하는 곳은 없습니다. 또 비데용 물티슈라고 하지만 일반 휴지만큼 완전히 풀어지지는 않기 때문에 여전히 처리 과정에서 불순물 처리비용을 높입니다.

이렇듯 물티슈의 사용은 제조 과정부터 폐기까지 환경오염을 일으킵니다. 하지만 물티슈 사용에 대한 정책은 아직 없습니다. 물티슈 사용은 분명 공중위생을 보장하기 때문에 마냥 사용을 규제할 수는 없겠지요.

이럴 때일수록 정부의 규제는 없지만, 시민들의 현명한 실천이 필요합니다. 꼭 필요한 목적으로만 사용하는 것 외의 사용은 최대한 줄이는 것입니다. 또 물티슈의 환경오염에 대한 인식이 널리 퍼지도록 주변에 널리 알리는 일도 중요합니다. 저와 반 아이들은 부지런히 학교와 가정, SNS 에 다양한 실천 방법을 공유하고 있습니다. 가방에 물티슈 대신 손수건을 가지고 다니는 것은 아주 쉬운 방법입니다. 어릴 적 어머니가 가방에 늘 챙겨 주시던 손수건의 의미를 이제야 되새겨 봅니다. 한때 가방 곳곳에 휴대용 물티슈를 챙겨 다녔던 그저 편리함만 추구했던 저를 되돌아보며 지금의 손수건 사용 습관을 오래도록 지속하려 합니다. 오늘부터 물티슈 대신 손수건을 사용하면 어떨까요?

가방 속에 늘 가지고 다니는 손수건, 다회용 수저, 대나무 칫솔, 고체 치약

5월 31일은 바다의 날입니다. 바다는 지구온난화를 일으키는 탄소의 1/4을 온몸으로 흡수하여 지구의 온도를 유지하는 역할을 합니다. 이렇게 중요한 바다가 쓰레기 때문에 그 역할을 다하지 못하고 있습니다. 바다로 흘러 들어간 쓰레기는 미세플라스틱이 되어 바다 생물을 위협하고 있기 때문입니다. 그 원인 중 하나가 매일 사용하는 물티슈입니다. 생활 속에서 환경을 지키기 위해 물티슈 대신 손수건 사용을 실천해 봅니다.

손수건의 맛

최보미

'물티슈는 미세플라스틱, 물티슈 대신에 손수건을 사용해요.'

'미세플라스틱이 오늘 저녁 반찬이라면?'

며칠 동안 박스를 재활용하여 이런저런 문구를 썼다. 선생님과 환경 공부를 하면서 물티슈가 플라스틱이란 것을 알게 되었다. 그래서 나는 이 사실을 많은 사람에게 알리고 싶었고, 포스터까지 만들게 된 것이다. 왜 나는 물티슈 대신에 손수건 사용을 알리고 싶었을까? 어느 날 선생님이 물으셨다.

"애들아, 학교 화장실에 보면 변기에 뭘 절대 넣지 말라고 쓰여 있지?"

우리는 대답했다.

"물티슈요."

"맞아, 그런데 이상하지? 화장지는 넣어도 되는데 왜 물티슈는 안 될까? 똑같은 휴지인데 말이야. 왜 그럴까?"

우리 중 그 누구도 선생님의 질문에 대답하지 못했고, 진짜 그러네? 왜 똑같은 휴지인데 물티슈는 변기에 넣으면 안 되는 것일까? 다들 잔뜩 궁금한 표정을 지었다.

"앞으로 더 자세히 공부하겠지만 하나만 알아둬. 물티슈는 플라스틱으로 만들어진 거란다."

지금까지 단 한 번도 물티슈가 플라스틱으로 만들어졌다는 건 생각해 본 적이 없었다. 당연히 그냥 휴지라고 생각했기 때문이다.

좋아, 그래. 물티슈가 플라스틱이라고 치고, 그럼 왜 사용하면 안 되는 걸까? 그건 바로 물티슈는 플라스틱이라 분해되는 데에 500년은 걸리기 때문이다. 그뿐 아니라 해양으로 흘러 들어간 물티슈는 미세플라스틱이 되어 물고기들 배 속에 축적되고, 결국은 우리들의 식탁에 올라올 수 있기 때문이다.

그 후로 우리 반 친구들은 물티슈를 사용하지 않았다. 이제야 하는 말이지만 처음에는 불편했다. 책상 위에 실수로 우유를 쏟기라도 하면 몇 번의 노동이 더해졌기 때문이다. 예전 같으면 휴지로 대충 닦아 내고 물티슈로 쓱싹 닦으면 되는 일이었는데, 이제는 걸레를 적셔 와서 닦고, 또 걸레를 빨아서 다시 닦고, 손은 물로 씻고 손수건에 닦는 번거로운 일이었다. 하지만 걸레와 손수건을 사용하는 일이 습관이 되고 나니 그냥 당연히 그렇게 해야 하는 것이 되었고 더 이상 불편하지 않았다. 그리고 생각했다.

'괜찮아, 조금만 불편하면 돼. 손수건의 맛을 나는 이제 알아 버렸으니까.'

손수건에 그려 넣은 삶 그리고 금계국 장보경

'물티슈 대신 손수건을 사용해요', '편리함 뒤에 가려진 진실', '괜찮아, 조금만 불편하면 돼.'라고 열심히 쓴 팻말을 챙겼다.

오늘 생태한마당 캠페인에서는 미세플라스틱과 관련된 책, 멸종위기동물과 관련된 책들을 전시하고, 북면수변생태공원에 서식하는 금계국, 삵(멸종위기동물)에 대한 소개 자료를 전시할 예정이다. 그뿐 아니라 일상생활에서 흔히 사용하는 물티슈 대신에 손수건을 사용하자는 것도 홍보 내용에 추가했다. 우리 부스에 오는 손님들은 자기가 직접 그려 넣은 삵 그림이 있는 하나밖에 없는 손수건을 선물로 가져가게 될 것이다.

'창원에코드림 생태시민 한마당'이 시작되고 하나둘 사람들이 모이기 시작했다. 손수건에 그림을 그려 넣는 활동이라 그런지 어린아이를 데리고 오는 부모님들이 많았다. 엄마는 아이들을 도우며 손수건에 스텐실로 금계국과 삵을 그리기 시작했다. 손수건을 다 만든 아이 손에는 물감이 묻어 있었다. 이내 엄마는 물티슈를 찾았다. 당연했다. 물티슈는 언제 어디서든 꼭 필요한 필수품이니까.

"죄송합니다. 저희 부스에서는 물티슈를 사용하지 않아요. 화장실이 가까우니 씻으셔도 되고, 깨끗하게 빨아 놓은 물수건을 사용하셔도 됩니다. 물티슈는 우리 환경을 오염시키는 플라스틱이거든요."라고 말했더니, 처음 알았다는 표정을 지으며 고개를 끄덕이셨다. 그리곤 부스에 준비된 물수건으로 아이의 손을 닦이셨다.

캠페인에서 진행한 손수건 만들기 활동　　　　북면수변생태공원의 모습을 그린 손수건

　우리 부스를 찾는 사람들 대부분이 물티슈를 찾았지만 단 한 장의 물티슈도 우리 부스에서는 찾을 수 없었다. 대신 나와 우리 친구들의 손은 종일 바빴다. 걸레와 물수건을 상당히 챙겨 왔는데도 바쁘게 돌아가며 빨기를 반복했다.

　온종일 서서 손님을 대하고, 설명하고, 홍보하느라 정말 다리가 후들거릴 정도로 힘들었지만, 힘듦보다 훨씬 보람 있고 나 스스로가 대견하게 느껴지는 하루였다. 오늘 우리의 목소리가 시민들에게 울림이 되어 일상에서 물티슈 대신에 손수건을 사용하는 일이 많아지길 진심으로 바란다.

　'물티슈는 다 분해되지 않고 미세플라스틱이 되어 생태계를 위협해요. 나를 위해서 그리고 지구를 위해서 꼭 손수건을 사용합니다!'

📖 함께 읽으면 좋은 환경 도서

미세미세한 맛 플라수프
김지형 글 · 그림 (두마리토끼책)

우리의 몸속에 쌓이고 있는 미세플라스틱에 대한 경고
를 강렬한 색으로 느낄 수 있다.

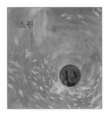

소원
박혜선 글, 이수연 그림 (발견–키즈엠)

어느 날 숲속에 버려진 주인공, 플라스틱병이 결국 쓰
레기가 되고 마는 과정을 담았다.

Small Action Big Wave

🏫 **바다의 날 교실에서 아이들과 함께한다면**

① 먼저 바다의 날의 의미에 대해 이야기합니다.

② 바다 쓰레기로 오염된 모습을 찾아봅니다.

③ 물티슈 대신 사용할 손수건을 만듭니다. 손수건에는 해양에 살고 있는 동물들의 모습을 그려 넣거나, 미리 준비한 바다 동물 스텐실 판을 사용해도 좋아요. 손수건 천은 무지면을 사용하세요.

④ 완성된 손수건은 가방에 넣어 다니며 물티슈 대신에 사용합니다.

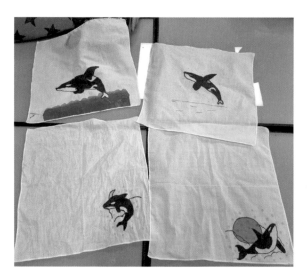

반 친구들이 그려 넣은 고래 손수건

🏠 바다의 날 가정에서 아이와 함께한다면

① 우리 주변의 플라스틱은 나중에 어떻게 될지 『미세미세한 맛 플라수프』를 읽고 상상해 봅니다.

② 늘 사용하고 있는 물티슈 사용을 줄일 수 있는 방법을 함께 고민합니다.

③ 물티슈 사용을 줄이는 약속을 합니다.

  * 가정에서는 걸레와 수건을 주로 사용하고, 아이의 방에도 손수건 몇 장을 놓아 주세요.

④ 아이가 좋아하는 바다 동물 또는 멸종위기 동물을 찾아봅니다.

⑤ 무지 면 손수건에 패브릭펜을 이용하여 그림을 그립니다.

⑥ 완성된 손수건은 아이의 애착 손수건이 될 수 있도록 해 주세요.

⑦ 외출할 때 손수건을 가방에 챙겨 주세요. 무엇보다 실천이 가장 중요하니까요.

미세플라스틱으로부터 보호해야 할 자연의 모습을 그려 넣은 손수건

08

담배꽁초,
니가 왜 거기서 나와

📅 바다의 날 5월 31일
📅 야생동물 보호의 날 12월 4일

취향은 존중합니다만, 담배꽁초는 셀프입니다.

"쓰레기를 주워 보니 길거리에는 어떤 쓰레기가 가장 많았어요?"

아이들은 주저하지 않고 담배꽁초라고 말했습니다. 아이들이 주로 버리는 사탕 껍데기나 과자 봉지보다 어른들이 버리는 담배꽁초가 훨씬 많다는 사실에 아이들의 얼굴엔 실망하는 표정이 역력했습니다.

줍깅, 플로깅, 쓰담 등의 활동으로 길거리에 버려진 쓰레기를 직접 줍고 다시 이를 분리배출하는 사람들이 많아졌습니다. 그런데 우리 아이들의 반응과 마찬가지로 줍깅을 해 본 사람들은 하나같이 이야기합니다. 담배꽁초가 가장 많았다고, 그리고 가장 불쾌한 쓰레기였다고.

담배꽁초는 기분상의 문제뿐 아니라 환경에 큰 문제를 일으킵니다. 담배꽁초가 그냥 버려지면 식물은 시름시름 앓습니다. 담배꽁초에 남아 있는 니코틴 성분이 토양에 흡수되기 때문이죠. 그러다 이것이 비를 만나 강으로 흘러가면서 수질오염을, 다시 바다로 흘러가면서 해양오염을 일으킵니다. 담배꽁초에 물이 묻으면 그 안에 있던 유독물질이 물에 녹아

배출됩니다. 유독물질에는 환경과 인체에 해로운 니코틴, 폼알데하이드, 비소와 카드뮴 등 휘발성 유기물질이 다량 포함되어 있어 바다 생물들에게 치명적입니다.

그보다 더 큰 문제는 바로 담배꽁초 필터에 있습니다. 꽁초는 타다 남은 담뱃잎, 담배 섬유, 필터로 구성되어 있습니다. 그런데 이 필터의 소재가 바로 '셀룰로오스 아세테이트'라는 미세플라스틱입니다. 이것은 분해되는데 무려 14년 넘게 걸릴 뿐 아니라, 물에 분해되면서 미세플라스틱이 배출되어 작은 물고기들을 위협하고 먹이사슬을 따라 결국엔 우리의 식탁에 오르는 결과를 가져옵니다.

이탈리아 나폴리페데리코대 농업과학부 연구진에 따르면 버려진 담배꽁초는 5년이 지나도 독성물질을 배출한다고 합니다. 인구가 늘면서 흡연자들도 꾸준히 증가하고 있는데 지금과 같이 담배꽁초를 아무 데나 버린다면 언젠가는 생태계가 멈출지도 모릅니다. 과장된 이야기 같다고요? 세계보건기구에 따르면 전 세계에서 매년 만들어지는 약 6조 개비의 담배 중 약 4조 5000억 개의 꽁초가 무단으로 버려집니다. 쓰레기통에 제대로 버려야 하는 엄연한 쓰레기이지만 흡연자들 대다수는 습관처럼 아무 데나 버립니다. 해외도 마찬가지입니다. 미국의 환경보호단체 오션 컨설번시(Ocean Conservancy)에 따르면 바다 쓰레기 1위는 단연 담배꽁초라고 합니다.

흡연자들에게 묻고 싶습니다. 내가 만들어 낸 담배꽁초를 내가 직접 수거할 수 있는 시스템이 마련되면 동참할 의향이 있는지. 취향은 존중하지만, 흡연자의 품격과 환경을 지키는 실천을 할 수 있는지.

시가랩19, 지속가능한 담배꽁초 문제의 해결

담배꽁초는 세계 곳곳에서 셀 수 없을 만큼 많은 양이 버려지고 지속적으로 환경을 파괴하고 있습니다. 2022년 기준, 우리나라에서도 하루에 약 1,200만 개의 꽁초가 버려집니다. 일일 담배 소비량을 생각하면 실제로는 그것보다 훨씬 더 많은 양이 버려질 것입니다. 이렇게 무단으로 버려지는 담배꽁초 문제에 대해 고민하던 중 시가랩 캠페인을 알게 되었습니다.

> **"흡연자가 스스로 담배꽁초를 수거하는 시가랩 캠페인이 상식이 되면 담배꽁초 쓰레기는 사라집니다."**
>
> —최재웅, 시가랩 캠페인 매니저—

시가랩 캠페인은 2019년 '어다인'에서 시작했습니다. 습관적으로 담배꽁초를 길거리에 버리는 사람들도 있지만 마땅히 버릴 만한 곳을 찾지 못해 버리는 경우도 있어요. 그래서 어다인에서는 흡연자들 스스로 담배꽁초를 버리지 않도록, 직접 수거하도록 행동을 끌어냈습니다. 특수재질로 만든 포장지 시가랩을 담뱃갑에 가지고 다니다가 담배를 다 피운 후 꽁초를 여기에 말아 자기 담뱃갑에 다시 넣는 것입니다.

재질은 쉽게 분해되는 수용성 종이로 제작되었고, 혹시 남아 있을지 모르는 불씨가 닿아도 타지 않게 시가랩 내부에는 난연잉크가 발려 있습니다. 사용 방법은 아주 간단합니다. 시가랩 봉투에 부착된 양면테이프를 떼어 담뱃갑에 붙여두고 다 태운 담배꽁초를 시가랩에 싸서 다시 담뱃갑에 넣으면 끝. 편리함은 물론 환경에 대한 인식 개선의 목적을 이해하게

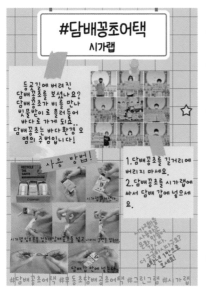

시가랩 사용 방법 홍보 포스터

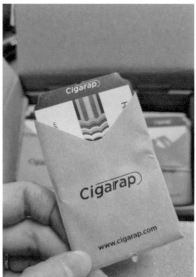

담배꽁초를 싸는 시가랩

된 흡연자들은 하나둘 시가랩을 사용하면서 스스로 담배꽁초를 수거하기 시작했습니다.

아이들과도 흡연자들 스스로 담배꽁초를 버리지 않을 방법을 공유했고 그렇게 우리의 담배꽁초 어택 캠페인은 시작되었습니다.

작지만 확실한 행동, KT&G에 목소리를 내다

담배꽁초 어택 캠페인은 오랜 시간에 걸쳐 이루어졌습니다. 아이들과 줍 깅에 나서길 여러 번, 담배꽁초 쓰레기 문제를 직접 확인했습니다. 그 후 담배꽁초가 일으키는 문제점을 공유하고 우리가 할 수 있는 환경 실천에 대해 함께 토의하고, 다양한 활동을 시작했습니다.

먼저 아이들과 홍보 활동을 시작했습니다. 아이들은 진심을 담아 담배 꽁초 문제에 관한 포스터를 한 장씩 만들었습니다. 그리고 어다인에서 보 내 준 시가랩을 챙겼습니다. 우리는 아파트 곳곳과 편의점, 식당을 돌며 포스터를 붙이고 시가랩을 설치했습니다. 또 길거리 캠페인을 펼치기도 했는데, 담배를 피우는 사람들에게 다가가 시가랩에 대해 설명하고 담배 꽁초 수거 활동에 동참해 줄 것을 권했습니다.

그리고 마지막으로 KT&G에 보낼 편지를 적었습니다. 지속가능한 담 배꽁초 문제 해결을 위해 생산 단계부터 폐기까지 함께 고민해 달라는 내 용을 담아서요. 담배 필터를 친환경적으로 만드는 방법, 소비자 스스로 담배꽁초를 수거하도록 담뱃갑을 디자인하는 방법 등 다양한 아이디어를

KT&G에 보내기 위해 아이들이 쓴 편지

줍깅으로 모은 담배꽁초

냈습니다. 아이들의 고사리 같은 손으로 적은 28장의 편지는 수백 개의 담배꽁초를 담은 페트병들과 함께 KT&G에 전달되었습니다.

담배꽁초를 줍는 일도 중요하지만, 그 방법은 지속가능한 문제 해결 방법은 아닙니다. 소비자뿐 아니라 생산자도 책임을 질 부분도 있습니다. 생산부터 폐기까지 기업에서 책임지는 시스템이 필요하지요. 기업이 그저 대량 생산으로 경제적 이득만 챙긴 채 무단투기로 인한 환경오염 문제는 책임지지 않는다면, 우리 소비자들은 이들 기업을 거부할 권리가 있습니다. 또 이들 기업에 변화를 촉구하는 목소리를 낼 권리도 있습니다. 이번 활동은 언젠가는 우리 아이들이 자라 기업인이 되었을 때 환경을 생각하는 기업인이 되길 바라는 마음이 담겨 있었습니다.

몇 달이 지나 KT&G로부터 답장이 왔습니다. '앞으로 지켜봐 달라'는 내용의 손편지였습니다.

"지구 환경을 걱정하는 그린그램 친구들의 편지를 잘 받아 보았습니다. (이하 생략) 현재 KT&G는 담배필터 대체제 개발 등을 검토하고 있으며, 해양환경 정화를 위한 활동을 시작했습니다. 이러한 KT&G의 노력을 지켜봐 주시길 바랍니다."

답장을 받은 아이들의 얼굴은 자부심과 당당함으로 빛났습니다. 적극적인 활동으로 자신들의 의견이 기업에 전달된 것이 신기하기도 했을 것입니다. 아이들이 요구했던 담배꽁초 정화 활동, 친환경 필터 개발 등 앞으로의 기업 활동에 변화를 가져올 것이라는 기대감도 묻어 있었습니다.

아이들은 여전히 줍깅을 하고 있으며, 담배꽁초는 따로 모아 분리배출하고 있습니다. 아이들의 행동은 어른들이 담배꽁초를 스스로 수거하는 실천을 앞당길 것입니다.

KT&G

안녕하세요 KT&G 담당자 입니다.
지구 환경을 걱정하는 무중초등학교 학생 여러분들이 보내준 편지는 잘 보았습니다.
환경문제와 관련하여 몇가지 답변을 드리니 궁금증을 해소할 수 있길 바랍니다.

첫 번째로 분해성 필터 개발과 관련한 사항에 대해 답변 드립니다. 현재 담배는 셀룰로오스 아세테이트로 구성된 필터를 포함하여 생산하고 있는 것은 맞지만 전 세계적으로 셀룰로오스 아세테이트를 대신할 수 있는 소재는 없는 것으로 알려져 있으며, 전체 담배 생산량의 90%가 위 성분을 포함하고 있는 실정입니다.
이와 관련 하여 현재 KT&G는 대체 소재 개발 등을 검토하고 있는 상황이며, 이러한 KT&G의 노력을 지켜봐 주시길 바랍니다.

두 번째로 KT&G는 담배꽁초 문제 해결을 위해 흡연 인식 개선 등 자체적으로 다양한 활동을 진행하고 있습니다. 실외 흡연부스와 공공 휴지통을 설치하고 있으며, 해양 생태계 보호를 위해 해변 및 수중정화 활동을 시작하고 있습니다.

감사합니다.

KT&G로부터 온 답신

담배꽁초 어택 캠페인

담배꽁초 어택 활동이 끝난 이후 어다인(시가랩 제작회사)에서는 동아리 아이들이 담배꽁초 어택 캠페인에서 사용한 포스터를 시가랩 디자인으로 제작했습니다.

열두 달 환경 일기

5월 31일은 바다의 날입니다. 전 세계적으로 바다에 쓰레기가 많아 바다 생태계에 문제가 생기고 바다 동물들이 그 피해를 고스란히 입고 있습니다. 그 주범으로 담배꽁초가 있습니다. 길거리 담배꽁초 줍깅을 시작으로, 담배꽁초 투기를 막는 캠페인, 그리고 내가 만든 꽁초는 내가 버리는 캠페인을 진행합니다. 또 지속가능한 담배꽁초 문제 해결을 위해 직접 목소리도 내는 프로젝트를 실시합니다.

고사리손에 미안하다
정아람

늘 같은 어린이날 말고, 색다른 어린이날을 보내고 싶었다. 어린이날 선물을 받고 맛있는 밥을 먹는 것도 좋지만 조금 더 의미 있는 어린이날을 보내고 싶었던 나는 엄마와 함께 우리 동네 줍깅을 하기 위해 집을 나섰다.

우리 동아리에서는 5월 가정의 달을 환경을 생각하는 가족의 달로 만들어 보자는 의견을 나누고, 가족이 함께하는 '줍깅하는 어린이날'을 계획했다. 어린이날이 되면 사실 쓰레기가 훨씬 더 많이 생긴다. 여행지 곳곳에서, 고속도로에서, 캠핑장에서. 가족과 함께 보내는 즐거운 시간이 어떤 면에서는 환경을 더 오염시키는 것 같아 마음이 좋지 않았다. 그런 의미에서 어린이날 줍깅 프로젝트는 가족과 함께하는 데다가, 환경까지 생각하는 날이 될 것 같아 동참하기로 했다.

동아리 친구들과 '김제동과 어깨동무' 단체는 줌(ZOOM)의 화상 공간에서 만나 다 함께 줍깅을 하기로 약속되어 있었다. 화면 속 김제동 아저씨가 어떤 각오로 이 프로젝트에 함께 하게 되었냐고 물었다. 모두들 비슷한 대답이었다. 환경을 위해서 할 수 있는 가장 쉬운 실천이 쓰레기 줍는 일인 것 같아 함께 하기로 했다는.

얼마 지나지 않아 우리 반, 동아리 친구들이 동네에 하나둘 짝지어 보이기 시작했다. 우리는 서로 동선이 겹치지 않게 동네를 돌기 시작했다. 쓰레기를 줍다가 놀란 것은 담배꽁초가 너무 많았던 거다. 우리 동네는 새로 만들어진 작은 마을로 주로 아파트가 있는 주택가이다. 대다수가 동네 아저씨들이고, 학교 친구들의 아빠들일 텐데 이렇게나 길거리에 담배꽁초를 많이 버린다니, 실망스러웠다. 주워도 주워도 끝이 없는 담배꽁초를 보면서 선생님과 함께 공부했던 내용이 생각났다.

담배꽁초의 가장 큰 문제는 미세플라스틱이다. 담배꽁초의 필터는 플라스틱으로 이루어졌는데, 꽁초가 빗물을 만나 강으로 유입되고 바다로 흘러가면서 독성물질을 내뿜기도 하며, 잘게 부서져 결국 미세플라스틱이 된다. 미세플라스틱은 물속에서 건져 낼 방법도 없어서, 언젠가는 그 미세플라스틱이 우리 식탁에 고스란히 오를지도 모른다. '내가 그걸 먹게 된다면?' 하는 생각이 꼬리를 물고 일자, 사실 걱정보다는 화가 났다. 나는 이제 겨우 초등학생이고 아직도 몇십 년을 더 살아야 하는데, 물고기 배 속에 들어 있을 미세플라스틱을 걱정하며 살아야 한다니, 정말 우울했다.

활동 후 각자의 소감을 나누며 주운 쓰레기를 살펴보았다. 바다에서 줍깅을 한 사람들은 폐그물, 플라스틱 물병, 부표를 가장 많이 주웠는데, 해변에 생각보다 담배꽁초가 많아 놀랐다고 했다. 산에서 줍깅을 한 사람들은 비닐, 생수병, 그리고 빠지지 않는 담배꽁초를 주워 왔다. 캠핑장에서 줍깅을 한 사람들 역시 담배꽁초와 일회용품 쓰레기를 주워 왔고, 동네 줍깅의 대부분은 담배꽁초였다. 열심히 우리 동네 줍깅을 했는데 찝찝한 이 기분은 뭘까?

동네에서 실시한 줍깅 활동

빗물받이를 고래의 배 속으로 그려내다

김한결

12월 4일은 야생동물 보호의 날이다. 고래는 바다에서 살아가는, 그리고 지구에 아주 유익한 야생동물이다. 그런데 바다 고래들이 플라스틱 쓰레기로 인해 죽어간다는 뉴스를 여러 번 접하게 됐다. 그리고 우리 동아리에서 펼친 담배꽁초 어택 캠페인 활동을 하면서, 담배꽁초가 바다 동물에게 위협이 된다는 사실도 알게 됐다.

담배꽁초 줍깅 활동 중 가장 힘들었던 부분은 바로 도롯가 빗물받이에 버려진 담배꽁초를 줍는 일이었다. 내가 가진 집게는 짧아서 꽁초까지 닿지 않았고 아파트 경비실로 가서 기다란 집게를 빌려 온 후에야 담배꽁초들을 집어 올릴 수 있었다. 때로는 엎드려서 빼내야 하는 경우도 있었다. 물론 이러한 경험들은 시간이 지나서는 유익하고 자랑스러운 경험이 되었다.

빗물받이를 고래 배 속으로 표현하고 고래의 머리와 꼬리를 그려 넣는 페인팅 작업을 해 보자고 선생님이 제안하셨다. 그림 그리기를 좋아하는 나는 당연히 참여하기로 했다. 게다가 도로에 그림을 그리는 특별한 작업이라 조금 설레기도 했다. 우리 학교 주변에는 11개의 빗물받이가 있는데 그 안에는 다양한 쓰레기가 있다. 단연 1위는 담배꽁초이고.

빗물받이에 자연스럽게 쌓이는 나뭇가지나 나뭇잎 이외에 쓰레기가 함께 섞여 있을 때 집중호우라도 발생하면 큰일이다. 빗물이 빠져나가지 못하고 점점 물이 차오르면, 도로가 물에 잠기고 낮은 집이나 지하 주차장도 물에 잠길 수 있다. 빗물받이가 그렇게 중요한 역할을 하는지 이제라도 알았으니 빗물받이에 더 이상 사람들이 쓰레기를 버리지 않도록 대책

빗물받이 줍깅 장면과 페인팅 작업 모습

을 마련해야겠다는 생각이 들었다. 그게 바로 도로 페인팅 활동이었다.

경상남도자원봉사센터에서 작업에 동참하기 위해 오셨다. 우리는 미리 만들어진 스텐실 판을 놓고 색을 칠하는 일을 맡아 어렵지는 않았다. 페인트 통과 붓을 들고 여기저기 옮겨 다니며 그림을 그렸다. 추운 날씨임에도 불구하고 즐겁게 작업을 했던 것 같다. 이제 빗물받이는 나에겐 그냥 빗물받이가 아니다. 고래 배 속이라고 생각하니 더 이상 쓰레기가 버려지게 둘 수 없었다.

오늘 우리의 활동을 지나가면서 본 동네 엄마들이 인터넷카페에 글을 올리기 시작했다. "그린그램 아이들이 빗물받이에 그림을 그리더라.", "우리 아이에게도 빗물받이에 쓰레기 버리지 말라고 해야겠어요.", "우리 남편에게 빗물받이에 담배꽁초 버리지 말라고 해야겠어요." 등의 댓글이 달렸고, 나는 그 어느 때보다도 스스로가 자랑스러웠다.

'빗물받이는 고래의 배 속, 쓰레기를 버리지 마세요.'

📖 함께 읽으면 좋은 환경 도서

고래를 삼킨 바다 쓰레기
유다정 글, 이광익 그림 (와이즈만북스)

바다로 흘러 들어간 쓰레기가 어떻게 생태계를 망가뜨리는
지, 또 나중에는 어떻게 인간에게 위협이 되는지 알려 준다.

지구가 보내는 위험한 신호, 아픈 바다 이야기
박선희 글, 박선하 그림 (팜파스)

바다가 겪고 있는 고통과 위기를 다양한 시선으로 보여 주
는 책이다.

플라스틱 수프
미힐 로스캄 글 (양철북)

플라스틱에 묻혀 살고, 플라스틱 쓰레기에 뒤덮인 인류의
지금 삶을 보여 준다.

Small Action Big Wave

🏛 **바다의 날 교실에서 아이들과 함께한다면**

① 학교 주변 담배꽁초 등 쓰레기가 많이 버려진 빗물받이를 탐색합니다.

   * 담배꽁초 쓰레기를 함께 주워보는 활동도 좋아요.

② 빗물받이에 고래 등 다양한 바다 동물을 그릴 구상을 합니다.

   * 바다 동물 페인팅 활동은 담배꽁초를 버리는 사람들의 행동을 멈추기 위한 목적입
     니다. 물감은 수성페인트 또는 아크릴 물감을 활용합니다.

③ 모둠끼리 정한 바다 동물의 모습을 그리고 문구를 적습니다.

   * 도로에 그림을 그리기 위해서는 구청 도로교통과의 허가가 있어야 합니다. 지역 봉
     사단체와 협력하는 방법도 좋아요.

④ 포스터를 만들어 캠페인 활동도 벌입니다.

⑤ 주기적으로 빗물받이를 살피며 그 속에 버려진 담배꽁초의 양을 비교해

   봅니다.

🏠 바다의 날 가정에서 아이와 함께한다면

① 관련 도서나 신문 기사를 읽으며 커다란 고래가 바다로 흘러들어 온 쓰레기로 아파하는 장면을 보여 줍니다.

② 아이와 함께 줍깅 활동을 합니다.

  * 쓰레기봉투, 집게, 장갑을 준비합니다.

③ 작은 쓰레기들은 아이들이, 담배꽁초는 부모님이 주워 주세요.

④ 쓰레기들이 빗물에 쓸려 바다로 가게 되는 과정과 바다로 들어온 쓰레기 때문에 바다 생물이 아플 수 있다는 것을 알려 줍니다.

⑤ 아이는 앞으로 빗물받이에 쓰레기를 버리지 않겠다고 약속합니다.

⑥ 줍깅 활동으로 주워 온 쓰레기는 아이와 함께 분리배출 합니다.

  * 가정에서의 분리배출 교육은 그 효과가 큽니다.

산호가 보내는 마지막 신호
'백화현상'

산호는 동물 중 최고로 수명이 깁니다. 환경 조건에 따라 수백 년을 살 수도 있어요. 산호의 다채롭고 아름다운 색깔은 산호에 붙어사는 조류(물풀)의 색깔입니다. 산호는 조류에게 서식지를 제공하고, 조류는 광합성을 통해 만든 양분을 산호에게 주며 함께 살아갑니다. 또 산호는 여러 바다 생물들이 생활하고 번식할 수 있도록 품을 내줍니다. 이처럼 산호초는 풍요로운 바다 생태계를 만들어가는 중요한 역할을 합니다.

그런데 산호에게 백화현상이 일어났다고요? 기후변화와 지구온난화는 바다의 수온 상승을 가져왔고, 이 때문에 산호가 살아가는 환경은 크게 나빠졌습니다. 서식 환경이 나빠지면서 공생 조류는 서서히 산호 곁을 떠나게 되고 남은 산호는 점점 색을 잃고 하얗게 변해갑니다. 하지만 그렇다고 바로 산호가 죽는 것은 아니에요. 다시금 환경이 좋아지면 서서히 살아나기도 하거든요.

세계 최대 산호초 지역인 호주 그레이트 베리어 리프의 산호가 줄어들고 백화현상이 일어나면서 과학자들은 더 이상 지체할 시간이 없다며 최대한 온실가스 배출량을 줄여서 바다의 수온이 더 이상 높아지지 않게 해야 한다고 경고하고 있습니다.

세계 최대 산호초 지역인 호주 그레이트 베리어 리프의 산호백화현상 ©CNN

그리고 한 가지 더, 우리가 사용하는 화장품에 들어가는 화학물질 옥시벤존 과 옥티노세이트 역시 산호초를 사라지게 하는 원인입니다. 그래서 하와이 주 정부는 지난 2021년부터 옥시벤존과 옥티노세이트 성분이 함유된 선크 림 사용을 규제하고 있습니다.

이 밖에 어린 산호가 바다에서 잘 자랄 수 있도록 먼저 '산호 보육원'에서 키운 뒤 바다에 정착시키는 활동도 이루어지고 있으며, 산호초를 양식하는 로봇을 개발하는 등 다양한 노력을 기울이고 있습니다. 하지만 기술이 자연 을 앞설 순 없습니다. 온실가스의 배출을 줄이고 지구의 온도가 더 이상 높 아지지 않도록 모두가 기후행동에 함께 하는 것은 어떨까요?

탄소중립
CARBON-NEUTRAL

기후위기를 대응하는 과정은 고통스럽지만,
그 답을 찾아가는 과정은 우리에게 새로운 기회를 가져다 줄 수 있다.

09

플라스틱의 세심함을 거절합니다

📅 **환경의 날 6월 5일**

코로나19 팬데믹 후 사용량이 2배가 된 일회용품

코로나19 팬데믹으로 정부와 모든 공공기관이 방역에 집중하는 사이 전 세계에서는 일회용품 쓰레기와의 전쟁이 시작되었습니다. 일회용 마스크 착용, 배달 음식의 증가, 온라인 배송이 낳은 결과입니다. 이 때문에 약 4억 톤이었던 전 세계 플라스틱 쓰레기의 양은 코로나와 함께 2020년 두 배 이상 늘었습니다.

기후변화와 더불어 지구 생태계에 큰 위협이 되는 플라스틱 쓰레기를 줄이기 위해 노력하는 여러 환경단체, 환경을 위해 함께하는 시민들의 목소리가 높아졌습니다. 이에 정부와 여러 기업에서는 친환경 생산방식을 선택하고 쓰레기를 최소화하는 다양한 방법을 찾고 있습니다.

캐나다의 경우, 2022년 말부터 비닐봉지 · 포장 용기의 제조나 수입을 금지했고, 독일은 음식점에서 포장 주문을 할 때 다회용기 사용을 의무화했습니다. 독일의 스타트업 기업 바이탈은 다회용기를 포장 전문 매장에 대여하고 수거하는 시스템을 적용했고, 미국의 한 음료제조 회사에서는 음료를 묶어 판매할 때 플라스틱 대신 판지로 만든 고리를 사용합니다.

일회용품 사용을 줄이기 위해서는 정부와 기업 그리고 소비자가 함께 노력해야 합니다. 엄격한 규제가 필요하고, 이용에 따른 책임을 져야 하며, 불편함을 기꺼이 견디겠다는 의식이 있어야 합니다.

물론 생활에서 플라스틱과 헤어지기는 쉽지 않습니다. 그러므로 생산, 소비, 재활용의 전 과정에서 얼마간의 환경 부담금이 발생하더라도 모두가 책임지겠다는 각오로 노력해야 합니다. 하지만 무슨 일이든 습관이 되면 그 일은 더 이상 어렵지 않습니다. 친환경이 일상이 되도록, 자연스럽게 용기를 내밀 수 있도록, 당연한 용기가 필요합니다.

플라스틱? 너를 산 적은 없었는데

시작은 한 장의 사진이었습니다. 배우 류준열의 인스타그램에 한 게시물이 올라왔습니다. '플라스틱을 주문하니 과일이 딸려 온 건지…'라는 한 줄의 글과 게시물 사진에는 스펀지 포장재에 하나씩 감싸져 플라스틱 통에 가지런히 담긴 딸기가 있었습니다. 생각보다 많은 사람이 공감했고 댓글들은 진지했습니다. 플라스틱을 대체하는 친환경 용기가 생기면 좋겠다는 댓글도 있었습니다. 저도 가게에서 채소나 과일을 살 때 식품들이 플라스틱 용기에 이미 담겨 있어 플라스틱을 '사 온' 적이 많았습니다. 나도 '좋아요, 하트 꾹'. 그동안엔 대수롭지 않고 당연했던 일이 당연하지 않다고 느끼게 된 사건이었습니다.

다음 게시물 사진에는 빈 그릇을 가져가면 내가 원하는 만큼 음식을 담아가는 해외 슈퍼마켓의 모습이 있었습니다. 'Help us, Reduce, Reuse,

Refill', '해외 마트에 이런 용기들이! 우리도 #용기내'라는 짧은 문장이 적혀 있었습니다. 이 '용기'에는 두 가지 뜻이 포함됩니다. 굳센 기운(courage)과 그릇(container)이라는 뜻입니다.

일회용비닐과 플라스틱에 담긴 식품들 ©류준열 SNS

그동안 왜 이걸 생각하지 못했을까요? 용기내 챌린지는 물건을 구입할 때 일회용 플라스틱 용기나 비닐봉지 사용으로 발생하는 쓰레기를 줄이기 위한 실천입니다. 물건을 살 때 용기(그릇)를 가져가 내용물만 담아 오는 것입니다. 일상생활에서 일회용품 사용을 줄이는, 작지만 확실한 행동입니다. 사실 음식을 플라스틱 그릇에 담아 오면 그 쓰레기를 처리하는 게 여간 귀찮은 게 아닙니다. 내 그릇을 사용하면 귀찮은 분리배출의 수고도 덜고 쓰레기가 생길 일도 줄고, 지구에 미안한 마음도 더는 일거삼득의 효과를 보는 일 아닌가요?

프라하 토요마켓에 봉투 없이 진열된 음식과 식재료

프라하에서 한달살이를 할 때 제로웨이스트 마켓을 실제로 경험했습니다. 여행객이 많은 프라하 도심에 토요일마다 크게 열리는 길거리 마켓이 있습니다. 일회용 비닐봉지가 없어서 웬만한 과일과 채소는 직접 장바구니에 담아 가야 합니다. 다들 자연스럽게 네트백과 접이식 그릇을 사용하는 모습이 인상적이었습니다. 빵을 사면서 담아 올 그릇이 없어 당황한 저를 본 가게 주인은 종이 한 장을 꺼내 빵을 포장해 건넸습니다. 그 후 프라하에 머무는 동안 토요마켓에 갈 때면 항상 그릇과 종이봉투, 에코백을 이용했습니다. 처음에는 귀찮지는 않을까 생각했지만 한두 번 따라해보니 신기하게도 편리했습니다. 예전에는 장을 봐 오면 으레 비닐봉지와 포장재 정리하는 일에 시간이 많이 걸렸는데, 그것이 더 귀찮은 일이었습니다.

가게에 빈 그릇을 가져가 식재료를 담아 오는 것, 음식을 포장해 올 때 집에서 사용하는 그릇을 가져가 담는 것, 세제를 살 때 다 쓴 세제 통을 가져가 채워 오는 것은 카페에서 텀블러에 커피를 담는 것과 똑같은 일입니다. 우리가 조금만 수고로우면 되는, 아주 쉬운 기후행동입니다.

플라스틱 프리, 망원시장 그리고 알맹상점

우리나라 전통시장에 플라스틱 프리를 선언한 시장이 있습니다. 바로 서울의 망원시장입니다. 망원시장에는 비닐을 쓰지 말라며 잔소리하는 반찬가게가 있습니다. 사장님은 가게에 반찬을 사는 손님들에게 '반찬통을 가져오라', '장바구니를 챙겨라', '비닐을 사용하지 말라'는 말을 합니다. 이 반찬가게의 플라스틱 프리 운동은 망원시장 전체로 퍼져 나갔고, 망원시장은 일회용품 없이 장을 보는 '용기내 망원시장' 캠페인을 전체 점포로 확대했습니다. 다회용기를 가져와 음식을 담아 가는 사람들에게는 쿠폰도 줍니다. 쿠폰 1장을 상인회로 가져가면 10ℓ짜리 종량제 봉투를 받을 수 있습니다. 용기나 장바구니를 챙기지 못해도 걱정할 필요가 없습니다. 상인회에서 보증금을 받고 그릇과 장바구니를 빌릴 수 있습니다.

우리나라에도 이런 전통시장이 있다니, 멋진 모습이 아닐 수 없습니다. 물론 모든 사람이 다 참여하지는 않지만, 누군가의 노력으로 일회용품 사용이 줄어들고, 사람들이 함께 힘을 모은다는 사실만으로도 훌륭한 첫걸음이라는 생각이 듭니다.

서울 마포구 합정역 근처에는 리필스테이션이 있습니다. '껍데기는 가라, 알맹이만 오라'는 슬로건을 내건 알맹상점의 처음은 세제만 파는 가게였습니다. 다 쓴 세제통을 가져가서 세제를 담아 오는 '세제 용기내'를 시작한 것이지요.

2018년 우리나라에서는 '쓰레기 대란'이 일어났습니다. 단 하루, 플라스틱과 비닐봉지를 수거하지 않았을 뿐인데도 곳곳의 생활이 마비될 정도로 큰 불편이 생겼습니다. 이를 계기로 많은 사람이 쓰지 않는 장바구

알맹상점에 설치된 세제 리필스테이션   재활용품으로 가득한 공유센터 ©뉴스펭귄

니를 모아 시장에 주고 사람들이 '알맹이'만 사 가도록 하는 캠페인을 벌였고, 그후 생필품을 리필해서 사는 알맹상점이 문을 열었습니다. 알맹상점은 애초에 쓰레기가 생기지 않도록 재사용 문화를 확산시키며, 우리나라 사람들의 생활 습관에 맞춘 한국형 제로웨이스트샵이 되었습니다.

또 알맹상점은 페트병 뚜껑, 이동형 정수기 필터처럼 재활용되지 않는 쓰레기를 따로 모아 재활용하기도 합니다. 일회용컵 보증제에 참여하며 플라스틱 컵 어택 활동을 하고, 멸균팩과 종이팩을 수거하여 재활용센터에 보내고 있습니다. 쓰레기를 줄여 환경을 보호하려는 가치관과 실천에 깊이 감동한 우리 반 아이들은 페트병 뚜껑 수거, 우유팩 수거, 플라스틱 컵 어택 활동 등 알맹상점과 함께 다양한 캠페인을 벌였습니다.

지금보다 나은 지구 환경을 기대하는 사람들이 다양한 활동을 벌이고 있고, 이에 참여하는 사람들이 늘고 있기에, 지구는 우리 모두가 기대하고 바라는 모습으로 되돌아갈 수 있을 것입니다.

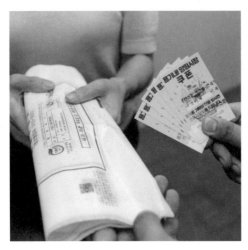

용기내 쿠폰과 종량제 봉투를 교환하는 모습   망원시장 용기내 포스터

📖 함께 읽으면 좋은 환경 도서

세상에 무해한 사람이 되고 싶어

허유정 글 (뜻밖)

할 수 있는 만큼 즐겁게 제로웨이스트를 실천할 수 있는 방법을 담았다.

우린 일회용이 아니니까

고금숙 글 (슬로비)

일회용 플라스틱 문제를 낱낱이 파헤치고, 플라스틱 없는 삶을 사는 이야기를 담았다.

열두 달 환경 일기

6월 5일은 환경의 날입니다. 최근 몇 년 사이 일회용품 사용이 늘면서 쓰레기가 부쩍 늘었습니다. 6월 한 달을 환경의 달로 정하고 지구를 구하기 위한 실천으로 '플라스틱 없이 한 달 살기'를 실천해 봅니다. 다회용기 사용을 실천하는 '용기내 챌린지'를 진행하며, 플라스틱 쓰레기 줄이기를 개인의 실천을 넘어 가정, 지역의 실천으로 확장해 나갑니다.

내밀어 볼까? 아주 특별한 용기

김윤서

"안녕하세요? 저희는 환경동아리 그린그램입니다. 잠시만 시간을 내어 우리의 이야기를 들어주세요. 저희가 이번에 6월 5일 환경의 날을 맞아 플라스틱 없는 한 달 살기 프로젝트인 '용기내' 활동을 하려고 합니다."

오늘은 토요일이지만 그린그램 친구들은 6월 환경 프로젝트를 위해 모였다. 이번에도 역시 처음 들어보는 프로젝트였다. '용기내'라니! 용기내에 대해 잠시 설명하면 이렇다. 코로나19의 여파인지 사람들이 일회용품을 사용하는 횟수가 이전보다 훨씬 많아졌다. 하긴 우리 집도 식당을 가지 못하니 음식을 배달시켜 먹는 횟수가 늘긴 했다. 넘쳐나는 일회용품은 다 어디로 가는 것일까? 아주 잘하면 재활용이 되긴 하지만, 재활용률은 생각보다 저조하다. 방법은 딱 하나, 그냥 일회용품 사용을 최대한 줄이는 것이다.

그래서 우리는 일회용품 사용 대신 나의 용기를 가져가 음식을 담아 오는 활동을 펼쳐보기로 했다. 바로 용기내 캠페인이다. 가게를 방문해 용기를 내밀 수 있는 마음의 용기와 다회용기만 있으면 온실가스 배출을 줄이는 데 도움이 될 거라고 선생님은 말씀하셨다.

용기내 프로젝트를 위해 전교 아이들을 대상으로 먼저 설문조사를 실시했다. 학교 근처 음식점 중에서 아이들이 선호하고 가장 많이 가는 곳으로 갔다. 사장님께 용기내의 취지를 설명했다.

"기후변화에 대한 이야기를 들어 보셨나요? 최근 일회용품 사용을 증가로 인해 쓰레기를 처리할 수 있는 공간이 점점 사라지고, 일회용품을 생산하는 과정이나 폐기하는 과정에서 대량의 온실가스가 배출되어 지구온난화에 영향을 주고 있습니다. 따라서 저희 환경동아리에서는 일회용품 사용을 줄이고 다회용기를 사용하는 프로젝트를 실시하고 있습니다. 혹시 사장님께서 다회용기를 가져오는 아이들을 지지하고 이 활동에 동참해 주실 수 있을까요?"

다행히 분식집 사장님께서는 일회용품 사용으로 쓰레기가 많아지는 것에 대해 걱정은 하고 있다며, 하지만 이런 일이 지구온난화와 관련이 있는지는 몰랐다고 하셨다. 사장님은 우리의 이야기를 끝까지 들어 주

'용기내' 서약서에 가게 사장님의 사인을 받은 모습

섰고, 그릇을 가져와 떡볶이를 담아 가면 300원을 깎아 주기로 하셨다. 아직 시작도 안 했는데 벌써 뿌듯하다. 우리 친구들이 용기를 내어 용기 낼 모습이 기대된다. 사장님 허락해 주셔서 감사합니다!

이제 그만 헤어져, 플라스틱 한채우

반 친구들과 용기내 챌린지 실천을 약속한 날이다. 줄을 서 있는 사람들이 많아서 쭈뼛쭈뼛 그릇을 뒤로 숨겼다가 앞으로 꺼냈다가를 반복했다. 용기를 내어 그릇을 내밀고 "종이컵에 말고 여기에 담아 주세요."라고 말하니 분식집 사장님이 "너도 그릇에 담아 갈 거야?"라고 하시며 300원 할인해 주시고 칭찬도 해 주셨다. 우리 말고 다른 친구들도 왔다 갔구나 싶어 괜히 어깨에 힘이 들어갔다.

사실 용기내라는 기부행동을 알기 전에 나는 늘 종이컵이나 일회용컵에 떡볶이를 받아 왔다. 아무도 그 행동이 잘못된 행동이라고 알려 주지 않았고 사람들은 대부분 일회용컵을 사용했기 때문이다. 하지만 이제는 안다. 무심코 사용했던 일회용품으로 우리나라 아니, 전 세계는 쓰레기와의 전쟁을 하고 있다는 것을. 더 이상 쓰레기를 처리할 곳이 없어 쓰레기가 산처럼 쌓이고 있다는 것을. 그 많은 쓰레기를 소각하면 엄청난 온실가스가 발생하기 때문에 일회용품 사용을 줄여야 한다는 것도.

가게에 가서 음식을 받아 오는 데는 딱 두 가지가 필요했다. 용기와 용기. '그릇에 담아 주세요.'라고 당당하게 말할 수 있는 마음의 용기와 나의 음식이 더 맛있게 담길 나만의 애착 용기.

그래서 오늘도 가방 속에 용기를 하나 챙겨서 등교한다. 이제는 엄마가 미리 하나씩 챙겨서 넣어 주신다. 가끔 엄마와 외출할 때 엄마가 텀블러를 챙기지 않으면 잔소리 하는 아들이 되었다. 엄마가 귀찮아하는 듯한 표정이 역력하지만, 나는 그 순간도 놓치지 않는다.

"한 번의 귀찮음은 한 뼘의 지구를 생각하는 것과 같아요."

오늘도 용기를 내서 용기를 내는 모든 사람을 응원한다.

"떡볶이 집에서도 용기내, 김밥 집에서도 용기내!"

용기내 서약서에 사장님의 사인을 받고, 용기내 캠페인에 참여한 모습

시리얼 에코 리필스테이션

대형 슈퍼마켓에서 플라스틱 사용을 줄이기 위한 노력을 시작했습니다. ESG경영의 일환으로 롯데마트 서울제타플렉스 점에 농심 켈로그가 '시리얼 에코 리필스테이션'을 오픈했습니다. 포장을 없애고 시리얼을 소분 판매하고 있지요. 이는

©농심 켈로그

소비자들이 일상생활 속에서 제로웨이스트를 실천할 수 있도록 기업이 나섰다는 점에 의미가 있습니다.

시리얼을 살 때도 '용기내'를 실천할 수 있다니 새롭지 않나요? 일회용품 사용을 줄이고, 플라스틱 쓰레기를 배출하지 않기 위해 많은 사람이 리필스테이션을 찾고 있습니다. 게다가 리필스테이션에서 판매하는 제품은 가격이 저렴하거든요.

시리얼 리필스테이션, 어떻게 활용할까요? 먼저 시리얼을 담을 수 있는 다회용기를 준비합니다. 그리고 저울에 다회용기를 올려 그 무게를 측정한 뒤, 시리얼을 담고 값을 치릅니다. 원하는 양만큼만 살 수 있고 쓰레기도 남기지 않으니 지혜로운 소비라 할 수 있습니다. 이러한 리필스테이션이 전국적으로 확산될 날을 기대해 봅니다.

* ESG란 기업의 비재무적 요소인 환경(Environment), 사회(Social), 지배구조(Governance)를 뜻하는 것으로, 'ESG 경영'이란 장기적인 관점에서 친환경 및 사회적 책임경영과 투명경영을 통해 지속가능한 발전을 추구하는 것을 말합니다.

Small Action Big Wave

🏛 환경의 날 교실에서 아이들과 함께한다면

① 우리 학교, 우리 지역의 일회용품 쓰레기 배출량을 알아봅니다.

② 플라스틱 없는 6월 만들기를 위해 '용기내 챌린지'를 계획합니다.

③ 반 친구들이 좋아하는 가게를 조사합니다.

④ 가게에 행사의 취지를 알리고 협조를 구합니다.

   * 더 담아 주거나 할인해 주는 것은 용기를 내는 아이들에게 큰 보상이 됩니다.

⑤ 6월 환경의 달 한 달 동안 챌린지를 진행합니다. 한 사람이 다음 사람을
   지목하고 함께 행동합니다.

   * 오늘 내가 낸 용기는 다음 사람에게 용기를 심어 주는 일이 됩니다.

용기내 프로젝트에 참여한 분식집

창원 가로수길 카페에 설치된
용기내 프로젝트 안내판

🏠 환경의 날 가정에서 아이와 함께한다면

① 아이가 가장 좋아하는 음식점을 생각합니다.

② 일회용품 그릇에 음식을 담아 오는 것보다 용기에 담는 것이 환경을 위해서, 건강을 위해서도 좋다는 사실을 알려 줍니다.

③ 아이가 좋아하는 그릇을 '애착 용기'로 정하고 외출 시 챙깁니다.

④ 맛있는 음식을 용기에 담아 옵니다.

⑤ 아이와 음식을 맛있게 먹으면서 아이의 용기를 칭찬합니다.

⑥ 애착 용기 사용이 습관이 되도록 부모님이 함께 노력해 주세요.

> * 가정에서는 무엇보다 부모님의 실천이 중요합니다. 가정에서부터 일회용품 사용 줄이기가 습관이 될 수 있도록 먼저 나서서 실천하는 부모님의 모습을 보여 주세요. 어느 순간 아이들은 저절로 실천할 것입니다.

10

플라스틱을 삼켰습니다

📅 세계 해양의 날 6월 8일

어미 새가 물어다 준 알록달록 사탕

다큐멘터리 영화 〈알바트로스〉는 북태평양 미드웨이섬에 서식 중인 새들의 삶을 무려 8년간 추적한 다큐멘터리 영화입니다. 특히 섬에 서식하는 알바트로스의 일생을 아주 느린 속도로 장면과 장면을 오가며 새끼의 탄생부터 첫 비행까지 전체의 삶을 담았습니다. 그리고 영화 중간중간 바닷가에 배경처럼 드리워져 있는 플라스틱의 모습을 적나라하게 담았습니다.

알바트로스가 바닷가에서 열심히 먹이를 모아 새끼에게 먹이기를 수차례. 어미 새가 게워 내는 먹이에는 알록달록하고 뾰족한 물질들이 가득했습니다. 어미 새는 그저 새끼에게 먹이를 먹였을 뿐인데 어미가 준 먹이를 먹은 새끼는 고통 속에 몸부림치다 생을 마감합니다. 여기서 끝이 아닙니다. 감독은 보란 듯이 방금 죽은 새끼를 가져가 부검을 합니다. 보고도 믿을 수 없는 모습이 화면에 펼쳐졌습니다. 새끼 새의 배 속을 가득 채운 건 바로 플라스틱 조각이었습니다.

배 속에 플라스틱 쓰레기가 가득 찬 채로 죽은 새끼 알바트로스 © Chris Jordan

새끼 새가 플라스틱을 받아먹을 땐 마치 내 목구멍에 무언가가 탁하고 걸리는 것만 같았습니다. 또 그렇게 죽은 것이 비단 알바트로스만은 아닐 거라는 생각에 나 자신에 대한, 인간 자체에 대한 혐오감이 들었습니다.

바다거북은 비닐봉지가 무엇인지 모릅니다. 바닷속을 오랫동안 떠다니던 비닐봉지에 플랑크톤이 흡착되고 이를 먹이로 오인한 바다거북은 비닐을 먹습니다. 그게 플라스틱이란 걸, 먹지 못하는 물질이란 걸 모르는 바다 동물들은 지금도 여전히 플라스틱을 먹고 있을 테지요. 자연을 거스르는 법이 없는 동물들은 자연이 제공하는 먹이를 어떤 의심도 하지 않고 받아들입니다. 그것들이 자신의 배에 쌓여가며 고통을 만들어 낸다는 것을 전혀 알지 못한 채 말이지요.

플라스틱을 삼킨 알바트로스는 알바트로스이며, 바다거북이며, 고래이며, 그리고 언젠가는 인간일 것입니다. 아니 이미 인간입니다. 우리도 모르는 사이에 이미 몸속에 플라스틱이 쌓이고 있으니까요. 플라스틱을 삼킨 바다 동물, 플라스틱을 삼킨 바다. 머지않아 우리는 우리가 버린 플라스틱 쓰레기에 고스란히 점령당할지도 모르겠습니다.

다큐멘터리 〈알바트로스〉를 통해 감독이 전하고 싶었던 메시지는 무엇일까요? 아름다움 그 너머에는 인간을 대신해 죽은 동물들이 있었습니다. 넘치는 플라스틱으로부터의 해방을 바다 동물들에게 선물할 수 있을까요?

탄소 품은 고래

최근(2023.4.) 인도네시아 발리 해변에 대형 고래가 죽은 채 밀려오는 일이 이달에만 벌써 세 번 발생했습니다. 정확한 사인은 부검을 해 봐야 알 수 있겠지만, 환경폐기물을 먹고 사망했을 가능성이 높습니다. 이미 2018년에 인도네시아 해변에 떠밀려 온 죽은 향유고래 배 속에서 다량의 플라스틱 컵과 비닐봉지가 발견돼 큰 충격을 준 적이 있기 때문이죠. 몸 길이 9.5m에 달하는 이 고래의 위장에서는 115개의 플라스틱 컵, 샌들 2개, 플라스틱 병 4개, 플라스틱 가방 25개를 포함해 플라스틱 쓰레기 1천여 개가 나왔습니다.

이미 많은 바다 동물이 플라스틱 쓰레기와 미세플라스틱에 생명을 위협받고 있습니다. 그런데도 바다 쓰레기는 더욱 늘어날 전망이라 더 비극적입니다. 모든 바다 생물들이 하나같이 소중하지만 특히 바다의 왕, 고래는 환경을 위한 그 역할이 아주 큽니다.

고래는 기후의 변화를 알려 주는 지표 동물이면서 지구온난화를 막아 주는 동물입니다. 평균 60년을 사는 고래 한 마리는 일생 동안 약 33톤의 이산화탄소를 흡수한다고 합니다. 나무 한 그루의 연간 이산화탄소 흡수량이 약 22㎏인 것에 비하면 매우 많은 양이라고 할 수 있습니다. 탄소를 흡수한 고래는 죽어 바다 밑으로 가라앉은 후에도 몇백 년 동안 몸에 저장한 탄소를 밖으로 배출하지 않습니다. 탄소를 저장할 수 있는 자원을 블루카본이라고 하는데 해조류뿐만 아니라 고래 사체도 탄소를 포집하고, 이를 해저에 가둬 두는 역할을 합니다. 해저로 누적된 탄소는 대기 중으로 방출되지 않고 무기한 저장될 수 있다고 합니다.

이렇듯 고래 한 마리가 가진 환경적 가치는 어마합니다. 하지만 상업적인 고래잡이와 선박과의 충돌, 고기잡이 그물에 걸리는 일과 플라스틱 쓰레기를 먹는 일 등으로 고래는 생존에 위협을 받고 있습니다.

기후위기를 막는 고래 똥

왜 갑자기 똥 이야기냐고요? 육지 동물의 똥이 토양을 기름지게 하듯, 고래 똥도 바다를 풍요롭게 합니다. 고래 중에서도 대왕고래, 혹등고래 같은 대형 고래의 똥에는 철과 인, 질소 등 영양분이 풍부해서 식물성 플랑크톤을 번성하게 하거든요.

고래 똥이 해양 탄소순환을 돕는 역할을 '고래 펌프'라고 해요. 고래가 해수면 가까이 와서 똥을 싸면, 그곳에 식물성 플랑크톤이 늘어나게 됩니다. 이들의 광합성 작용으로 바닷속과 대기 중의 산소는 늘고 탄소는 그 몸속에 저장됩니다. 다시 식물성 플랑크톤은 동물성 플랑크톤의 먹이가 되고 그 사체가 탄소를 머금은 채로 바다로 가라앉습니다. 식물성 플랑크톤은 지구 대기 중 50% 이상의 산소를 생산하고, 대기 중 이산화탄소의

40%인 370억 톤 정도를 포획해요. 이처럼 고래의 배변 과정은 플랑크톤이 탄소를 줄이는 일을 돕습니다.

고래는 지구온난화를 막는 주요한 동물이라고 할 수 있어요. 그러니 기후위기의 원인 중 하나가 18세기부터 19세기까지 이루어진 막대한 포경산업 때문이라는 말은 과장이 아닙니다. 과학자들의 연구에 따르면, 현재 140만 마리에 불과한 고래 수가 포경산업 이전인 400만 마리로 다시 늘어난다면, 한 해 2억 2천만 톤의 탄소가 해저에 저장될 수 있습니다. 이 양은 현재 우리나라 연간 온실가스 배출량의 3분의 1 정도라니 어마어마한 양이 아닐 수 없습니다.

생명 그 자체로서도 중요할 뿐만 아니라 기후위기의 대응 방법으로서도 중요한 역할을 하는 고래의 보존을 위해 우리는 무엇을 할 수 있을까요? 고래 불법 포획을 강하게 금지하고, 일부 국가에 남아 있는 고래를 죽이는 전통을 폐지하는 일이 무엇보다 시급합니다. 더불어 해양 생태계를 위해서라도 해양에 버려지는 쓰레기가 없도록 하는 것이 필요해요.

바다를 지키는 사람들

아름다운 바다를 자랑하는 제주도에는 바다와 바다 동물을 지키기 위해 매일 해안의 쓰레기를 줍고, 바닷속을 헤엄쳐 쓰레기를 건져 올리는 사람들이 있습니다. 세이브제주바다, 디프다제주, 플라스틱프리제주가 대표적입니다. 제주도를 사랑하고 바다를 사랑하고 바다 동물을 사랑하고 결국 지구를 사랑하는 이 단체들은 바다로 유입되는, 그리고 연안으로 밀려 들어오는 바다쓰레기를 처리하기 위해 고군분투하고 있습니다.

세이브제주바다는 비치코밍(해변의 쓰레기를 줍는 일)을 통해 연안으로 밀려 들어오는 바다쓰레기를 수거합니다. 이들이 수거한 것에는 거대한 플라스틱 부표, 무겁고 긴 어선 줄, 잡다한 플라스틱 생활 쓰레기, 바다에 버려져 있으면 절대 안 될 것 같은 약과 주사바늘까지 상상조차 못할 쓰레기로 가득합니다.

어느 해 방학, 아이들과 함께 제주살이를 떠났습니다. 세이브제주바다의 비치코밍 일정을 확인하고 제주살이를 하는 동안 해양 정화 활동에 참여했습니다. 오후 5시가 되어도 제주도의 햇빛은 수그러들 생각이 없었습니다. 단체에서 제공하는 조끼를 입고, 장갑을 착용한 후 송악산 해변으로 나갔습니다. 중국, 동남아, 일본 등에서 떠밀려 온 페트병이 수도 없이 나왔습니다. 아이와 제 마대 자루 6개가 금세 찼습니다. 겨우 2시간이 지났을 뿐인데도요. 우리를 비롯해 30여 명의 자원봉사자가 주운 쓰레기는 순식간에 쌓이고 쌓였습니다.

세이브제주바다의 한주영 대표는 "누군가는 해야 할 일이고 그 일을 우리가 하고 있는 것"이라고 말했습니다. 오로지 바다를 사랑해서, 지금보다 훨씬 맑았던 이전의 제주도 바다를 그리며 이 일을 멈추지 않을 것이라고요. 그날 대표님의 까맣게 그을린 얼굴에 빛나는 눈동자가 정말 매력적이었습니다.

2021년 여름 제주도에서 '해양쓰레기 본부'라는 전시회가 열렸습니다. 전시장으로 들어서자 바닷속 물소리가 들렸습니다. 디프다제주 활동가들이 바닷속 쓰레기를 수거하는 장면이었습니다. 그리고 중앙 한가득 놓인 쓰레기. 이게 겨우 3일간 수거한 쓰레기라니 너무 충격적이었습니다.

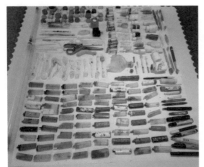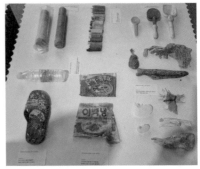

제주도 해양쓰레기 본부 전시회에 전시된 제주 바다 쓰레기

쓰레기들을 줄 세워 놓으니 그 양이 더욱 실감 났습니다. LPG 가스통부터 페인트 통, 플라스틱 박스, 폐전자제품 등이 끊임없이 이어졌습니다. 신발 쓰레기에 집을 지은 작은 바다 동물, 1975년산 라면 봉지, 무지개를 떠올리게 하는 형형색색 라이터 등등 수많은 종류의 쓰레기가 개수조차 세지 못할 만큼 전시되어 있었습니다. 전시를 기획한 다프다제주는 이를 통해 해양오염의 심각성을 알리고 환경 실천을 독려하고 있었습니다.

플라스틱프리제주 역시 바다 쓰레기를 수거하는 활동을 하고 있습니다. 바다 쓰레기 중 가장 많은 양을 차지하는 담배꽁초입니다. 그들은 건져 올린 쓰레기 부표로 담배꽁초 수거함을 만들고 설치하고 있습니다. 또 이들은 제주도에서 페트병 쓰레기를 없애기 위해 가게를 모집하여 '지구별 약수터'라는 캠페인을 진행하고 있습니다. 텀블러를 들고 가게를 방문하는 사람들에게 물을 제공하는 활동입니다.

플라스틱프리제주 대표는 바다를 지키기 위한 활동으로 환경교육에 진심인 분이었습니다. "미래의 아이들에게 지금보다 조금 더 나은 지구를 물려주고 싶다."는 대표님의 말에 저도 100% 동감했습니다.

바다지킴이 서약서

세이브제주바다유스의 활동

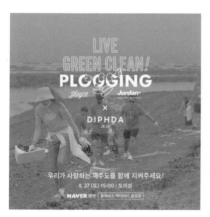

디프다제주의 캠페인 포스터

플라스틱프리제주에서 제작한 담배꽁초 수거함

　어쩌면 가끔 이렇게 행동하는 사람들이 있기에 희망이 있다고 생각합니다. 보이지 않는 곳에서 자신이 할 수 있는 방법으로 기후위기에 대응하고 아름다운 대자연을 지키기 위해 노력하는 사람들, 특히 바다를 사랑하고 바다의 소중함을 알고 바다 동물의 아름다운 모습을 오래도록 지켜주기 위해 노력하는 이들의 열정과 지구를 향한 애정에 박수를 보냅니다.

6월 8일은 세계 해양의 날입니다. 플라스틱 쓰레기의 40%가 바다로 흘러들고 있습니다. 오염된 바다에서 바다 생물들은 쓰레기 때문에 생명을 잃거나 힘겹게 살아갑니다. 아이들은 생명감수성이 뛰어나 바다 생물에 대해 큰 관심과 사랑을 느낍니다. 쓰레기로 오염된 바다와 그 때문에 죽어나가는 바다 생물을 직시함으로써 환경감수성을 일깨웁니다.

플라스틱을 먹일 수밖에 없었던 어미 새 안유진

세계지도에는 없는 섬, 갖가지 플라스틱 쓰레기가 이리저리 뒤엉켜 만들어진 쓰레기 섬이 있다. 그 면적이 자그마치 우리나라의 15배나 된다고? 세계 그 어느 지도에도 나와 있지 않은 유령 섬, 바로 GPGP(Great Pacific Garbage Patch) 섬이다.

실제로 이 나라에는 국기도 있고 화폐도 있다. 물론 진짜로 사용되는 것은 아니지만 미국의 전직 부통령인 엘 고어가 플라스틱 쓰레기 섬의 심각성을 알리고자 이 섬의 제1호 국민이 되었다고 했다.

오늘은 6월 8일 세계 해양의 날이다. 국가해양환경교육센터와 비대면으로 바다에 관한 환경 수업을 했다. 동기유발 영상으로 다큐멘터리 〈알바트로스〉를 보여 주셨는데, 배 속이 쓰레기로 가득차 고통스럽게 죽어가는 아기 새를 보며 눈물이 났다. 아무것도 모르고 아기 새에게 플라스틱 먹이를 줄 수밖에 없었던 엄마의 마음을 생각하니 가슴이 아팠다. 바다 동물에게는 아무런 잘못이 없는데…. 계속해서 바다로 떠밀려 오는 플라스틱 쓰레기를 보면서 그저 답답한 마음만 들었다. 많은 사람에게 이 사실을 알리고 싶은 생각이 들었다.

우리는 커다란 종이와 물감을 준비했다. 어미 알바트로스가 아기 알바트로스에게 먹이를 게워 먹이는 장면, 그 먹이 속에 플라스틱이 가득한 장면을 표현하고 싶었다. 완성된 밑그림에 하나씩 하나씩 플라스틱 조각들을 붙여 갔다. 아무것도 몰랐을 어미 새와 아기 새의 마음을 짐작해 보면서.

그렇게 완성한 그림을 복도에 전시했고, '플라스틱을 삼킨 알바트로스'라고 제목을 붙여 지나가는 학생들에게 작품에 담긴 알바트로스의 죽음과 GPGP섬에 대해 간단히 설명해 주었다. 이 이야기를 처음 듣는 아이들의 표정은 처음 영상을 보았던 나와 같았다. 평소에 생각지 못하고 사용했던 수많은 플라스틱이 쓰레기가 되어 바다를, 바다 동물을 위협하는 도구가 될 것이라고는 생각하지 못했을 것이기 때문에.

나는 모든 플라스틱을 만들어 내는 기업에, 공장에 다음 문구를 제품에 써 넣기를 건의하고 싶다.

"여러분이 오늘 구매한 플라스틱은 바다 동물의 먹이가 될 수도 있습니다."

그러면 사람들이 굳이 필요 없는 플라스틱 사용을 줄일 수도 있으니까. 플라스틱을 사용했을 때의 편리한 부분만을 설명할 것이 아니라 지구적인 문제에 대해 자세히 안내해 줄 필요가 있다고 생각한다. 예를 들면, 이 플라스틱을 만들어 내면서 발생시킨 온실가스의 양이라든지, 이 플라스틱이 소비자에게 오기까지 남긴 탄소발자국이라든지. 기업의 이익을 위해 대량 생산과 과장된 광고로 소비를 촉진할 것이 아니라, 환경과 관련된 정확한 정보를 명시함으로써 소비자가 현명한 소비를 할 수 있도록 말이다. 물론 어려운 일이겠지만.

내 눈앞에서 사라진 플라스틱 쓰레기가 영영 사라진 게 아니라 어디에선가는 누구를 위험에 빠뜨릴 수 있는 무기가 될 수도 있다는 사실을 나는 잊지 않을 것이다. 다행히 요즘 우리 집에서 엄마와 아빠에게 많은 변화가 생겼다. 엄만 내 눈치를 보며 커피숍에서는 반드시 텀블러를 사용하고, 아빠도 출근길에 늘 사던 생수를 더 이상 사지 않으신다. 우리 가족이 일 년 동안 줄인 플라스틱 쓰레기의 양은 생각보다 많을 것 같다.

앞으로도 더 많은 알바트로스가 플라스틱 먹이 때문에 죽음을 맞이할 것이다. 그 죽음을 안타까워한다면 반드시 모든 인간들의 생활이 달라져야 한다고 생각한다. 선생님의 말씀이 생각난다. '인간과 자연의 공존을 위해서는 인간만 노력하면 된다'는. 부지런히 알리고 플라스틱을 줄이는 삶을 살아야겠다고 다짐해 본다.

플라스틱을 삼킨 알바트로스

플라스틱 쓰레기를 활용한 미술 수업

〈플라스틱을 삼킨 알바트로스〉 작품은 2021년 경남교육청에서 환경박람회로 진행한 '에코 라이프 스타일 페어(Eco Life Style Fair)'에 전시되었고 많은 사람의 이목을 끌었습니다. 아마도 학생들이 이런 작품을 만들어서 그럴지도 모르지요. 어른들이 몰랐던 것을 아이들이 먼저 알았다는 사실에 대해 놀라서 말이에요. 이렇게 아이들이 먼저 알고 먼저 행동하고 있어요. 부디 함께해 주세요.

고래를 지켜주세요!

정아람

우리 환경동아리 그린그램의 로고는 고래다. 친숙하면서 대자연의 상징이기도 한 고래, 또 기후위기 시대에 고래처럼 큰 역할을 하자는 의미를 담아 고래를 우리 동아리의 로고로 채택했다. 우리 로고인 고래를 내 손으로 그려서 그런지 고래는 점점 더 나에게 소중한 존재가 되고 있었다.

그러던 어느 날, 선생님은 바다 쓰레기를 가득 배 속에 품은 채 죽은 고래의 사진을 보여주셨다. 마치 쓰레기장과 그 모습이 비슷한 고래의 배 속을 보니 내 위가 뒤틀리는 것 같았다. 안타까움도 잠시, 어떻게 그렇게 많은 쓰레기가 바다에 있었으며 왜 고래는 쓰레기를 먹었는지 화가 났다.

언제나 그랬듯 먼저 알게 된 사람이 조금이라도 더 빨리 알리자는 생각으로, 전지에 쓰레기를 품은 고래의 모습을 그리기 시작했다. 맛있는 먹이로 가득 차 있어야 할 고래 배 속에 엄청난 양과 여러 종류의 쓰레기를 넣어서 말이다.

고래는 죽어서도 그 몸에 탄소를 저장하고 가라앉는 지구에 꼭 필요한 동물이다. 그런데 이런 고래를 일부러 죽이는 나라가 있다. 페로 제도에서는 매년 고래잡이 축제가 전통적으로 열린다. 과연 이것이 축제라고 할 수 있나? 페로 제도의 사람들은 말한다. 윤리적인 방식으로 전통을 이어나가고 있다고. 하지만 화면을 통해 본 장면은 달랐다. 사람들이 찌른 창에 등과 배가 찔린 고래는 소리를 내다가 끝내는 숨을 거둔다. SNS를 통해 이 사실이 확산되자, 드디어 페루 정부는 고래 사냥에 관한 규제를 재검토할 것을 약속했다. 일본은 어떠한가? 일본 타이지에서는 상업적인 이유로 돌고래를 무자비하게 잡아 죽이고 판다. 최근 일본에는 자판기로 고래고기를 사 먹을 수 있다니 정말 끔찍하다는 생각이 든다.

사실 우리나라 울산도 다를 바가 없다고 생각한다. 우리나라 고래문화 특구로 알려진 울산에서는 '바다로 직접 나가 돌고래에게 먹이를 주는 생태관광 체험을 해 보세요'라며 홍보하고 고래고기도 맛보이는 행사를 진행했다. 그런데 이게 어째서 생태관광인가? 선박에 부딪히기도 하고 프로펠러에 지느러미가 잘리는 등 돌고래가 다치는 일이 허다한데, 과연 이것이 누구를 위한 생태관광인가?

아직 아이인 나로서는 잘 이해가 가지 않지만, 분명한 건 인간이라는 이유로 그 어떤 동물의 생명을 함부로 해서는 안 된다는 것이다. 그래서 우리는 고래의 환경적 중요성과 그 생명의 존엄함을 알리기 위해 작품 만들기를 시작했다. 커다란 종이에 대형 고래와 바다 생태계를 이루는 생물을 그렸다. 그리고 해마의 꼬리에는 마스크를 걸고, 플라스틱 페트병에 물고기가 갇히는 등의 모습을 물감과 쓰레기를 이용해 완성했다.

선생님은 'Eco Life Style Fair'에서 이 작품을 활용한 공개수업을 진행했다. 경남의 많은 시민과 학생들이 이 수업에 참여하였고, 고래 배 속에 쓰레기를 하나씩 붙여가며 고래에게 미안한 마음을 담을 메시지를 전하기도 했다. '아, 불쌍해 어떡해.'에서 멈추는 게 아니라 해양 보호를 위해 노력하고 플라스틱 쓰레기를 줄이는 그 이상의 확실한 실천을 기대해 본다.

환경박람회에 전시할 고래를 그리는 모습

환경박람회에 전시된 〈플라스틱 먹은 고래〉

📖 함께 읽으면 좋은 환경 도서

바다야 미안해

조엘 하퍼 글, 에린 오셔 그림 (썬더키즈)

지구를 살리기 위한 한 소녀의 작지만 의미 있는 행동을 담은 책이다.

플라스틱 섬

이명애 글 · 그림 (SANG)

북태평양 환류 해역에 타원형 꼴로 거대한 섬을 만든 쓰레기 섬이 바다 동물에게 어떤 영향을 미치는지 이야기한다.

플라스틱 인간

안수민 글, 이지현 그림 (국민서관)

이제는 지구의 골칫거리가 된 플라스틱. 플라스틱 시대를 살아가는 우리에게 주는 메시지를 담았다.

Small Action Big Wave

🏛 **세계 해양의 날 교실에서 아이들과 함께한다면**

① 바다에 얼마나 많은 쓰레기가 있는지 뉴스 또는 홍보 자료 등을 찾아 알아봅니다.

② 바다쓰레기로 바다 동물들이 피해 입는 장면을 대형포스터로 제작합니다.

    * 모둠별 또는 반 전체 '바다 보호하기 프로젝트' 활동으로 구성하면 좋아요.

③ 바다 동물이 피해 입는 모습을 표현하며 바다 쓰레기, 바다 동물의 고통 등에 대해서도 생각합니다.

④ 완성된 작품을 복도에 전시합니다.

⑤ 복도에 전시한 작품에 자세한 설명을 추가합니다.

⑥ 미리 플라스틱, 비닐 등 쓰레기를 준비해 다른 반 친구들이 작품에 붙여볼 수 있도록 합니다.

⑦ 메모판을 준비하고 바다를 보호하기 위해, 바다 동물을 보호하기 위해 할 수 있는 작은 실천을 하나씩 쓰게 합니다.

⑧ '바다 보호하기 프로젝트' 활동 과정 모습을 선생님이 정리하여 교실 게시판에 붙입니다.

    * 아이들의 노력을 칭찬해 주세요. 그리고 바다를 지키려는 마음이 이어지도록 지속적으로 독려해 주세요.

🏠 세계 해양의 날 가정에서 아이와 함께한다면

① 아이와 함께 『바다야 미안해』라는 도서를 함께 읽습니다.
   * 그림만 담긴 책입니다. 페이지를 넘겨 가며 각 장면에 대한 아이의 이야기를 들어
     주세요.

② 해변의 쓰레기를 없애기 위해 주인공은 어떤 일을 했는지 이야기 나눕
   니다.

③ 언젠가 바다에 가게 되면 우리는 무엇을 하면 좋을지 미리 계획합니다.
   비치코밍을 계획하거나 아이가 손에 가볍게 들 수 있는 피켓을 만들어
   봅니다.

④ 바다로 갈 수 없다면 바다 쓰레기를 줄이기 위한 생활 속 실천을 적어 냉
   장고에 붙여 주세요.

⑤ 비치코밍을 할 수 있다면 씨글라스를 모아 작품을 만들어 보세요.
   * 씨글라스는 해변에 버려진 유리병이 작게 깨진 조각을 말합니다. 테두리가 뭉툭해
     미술 활동 소재로 활용하기 좋아요.

씨글라스를 이용한 방향제 만들기

'인류세', 닭과 플라스틱의 행성

인류라는 겨우 한 생물종이 지구 환경 전체를 바꾼 시대, 인류세.

인류세는 한 번쯤은 들어봤을 고생대, 백악기, 플라이스토세 같은 지질시대의 명칭입니다. 한 세대에서 다음 세대로 넘어가는 데에 적게는 백만 년 또는 천만 년의 시간에 걸쳐 만들어지는 지질시대 단위인 '세' 앞에 '인류'가 붙는다고요?

현재는 공식적으로 홀로세(현세)입니다. 간빙기의 따뜻하고 안정적인 기후 덕분에 인류는 농업을 시작하고 정착 생활을 하면서 문명을 발전시켰습니다. 하지만 인류의 화석연료 사용은 지구 환경을 돌이킬 수 없게 바꿔 놓았습니다. 그것도 아주 짧은 시간에 심각하게 말이지요. 그래서 지금을 '인류세'라 부릅니다. 공식적으로 승인된 것은 아니지만 단어의 등장만으로도 그 의미에 대해 생각해 봐야 합니다.

미래에 외계인이 지구라는 행성에 도착한다면 어떤 화석을 발견하게 될까요? 우리는 화석으로 그 시대의 특징을 알 수 있습니다. 삼엽충으로 고생대를, 암모나이트로 중생대를 파악하는 것처럼 말이죠. 그렇다면 '인류세'가 남길 화석에는 무엇이 있을까요? 가장 대표적인 것이 닭 뼈입니다. 이미 지금 우리 행성에는 인구의 3배가 넘는 닭이 살고 있어요. 그중 대부분인 660억 마리의 닭이 1년 동안 인간의 먹거리를 위해 도살되지요. 어쩌면 우리는 인간보다 훨씬 많은 닭의 행성에 살고 있는 건지도 모르겠습니다.

인류세가 남길 또 하나의 화석은 플라스틱입니다. 최초의 플라스틱은 무엇일까요?

> '상아 당구공의 대체품을 만드는 사람에게는 1만 달러의 상금을 주겠다.'

19세기 중반 당구공의 수요는 높아지는데 코끼리 밀렵에 대한 비판의 목소리가 높아져 이를 대체할 물질이 필요했죠. 네, 그것이 바로 플라스틱이었습니다. 코끼리의 밀렵을 피하고 야생동물을 구하고자 대안으로 떠오른 플라스틱은 착한 대체품이었을지도 모릅니다.

플라스틱은 고무보다 단단하고 목제품보다 오래 가고 열을 가하면 어떤 모양으로든 만들 수 있습니다. 이런 장점 때문에 플라스틱은 무한히 발전하지요. 가벼운 비닐봉지가 되기도 하고 합성섬유가 되어 우리의 옷으로도 만들어졌습니다. 그리고 지금 우리 주변에는 플라스틱으로 만들어지지 않은 물건을 찾기가 더 어려울 정도입니다.

1950년 이후부터 지금까지 우리는 약 83억 톤의 플라스틱을 생산했고, 그중 약 63억 톤의 플라스틱을 쓰레기로 버렸습니다. 놀라운 것은 환경오염 문제가 부각된 때부터 오히려 플라스틱 사용량이 급증했다는 것입니다.

지구상에서 가장 강력한 힘을 가진 종, 인류. 의도하지는 않았지만 더 잘 살고자 노력했던 지금의 인류는 기후변화를 일으켰고 전혀 예상하지 못한 결과를 낳았습니다. 우리가 다음 대멸종의 자리를 차지하지 않도록 무엇이라도 해야 합니다. 우리 스스로가 만든 문제에 우리가 소용돌이처럼 말려 들어갈 것이 아니라 해결 방법을 생각하고 당장 시작하는 일을요.

11

비닐봉지 하나가

휘뚜루마뚜루 빵을 담은 종이봉투

덴마크는 건축, 교육, 교통, 의식주 등 삶의 거의 모든 부분이 지속가능한 환경을 목표로 하고 있습니다. 시민 대부분은 출퇴근 시 자전거나 대중교통을 이용하고, 아이들 역시 마찬가지입니다. 등하교에도, 가족과 나들이에도 자전거를 탑니다. 탄소중립 2030을 목표로 국민이 배출하는 온실가스의 양을 줄이기 위해 나라 정책부터 친환경을 목표로 하고 있으며 사회, 가정, 학교는 이를 생활 속에서 실천하고 있습니다.

덴마크에서의 일입니다. 한 달간 지내는 동안 친환경살이를 위해 자전거를 대여했고 우리 가족은 오로지 자전거와 대중교통을 이용하여 생활했습니다. 매일 우리가 줄인 이산화탄소량을 앱으로 확인하며 뿌듯한 마음으로 친환경을 실천했습니다. 덴마크는 빵이 주식으로, 국민 빵이라 불리는 스뫼뢰브뢰드를 즐겨 먹습니다. 빵에 버터 등을 바르고 그 위에 치즈나 생선, 고기 등을 올려 먹는 오픈샌드위치 종류입니다. 빵집에 간 저는 직원의 추천으로 연어가 올라간 것을 주문했습니다. 빵에 올라간 토핑

종이봉투에 포장해 주는 덴마크의 빵집

을 보니 과히 먹음직스러웠습니다. 포장을 부탁하며 빵 모양이 망가지지 않도록 넉넉한 비닐봉지에 넣어줄 것이라 기대했습니다. 그런데 이게 웬일이죠? 점원은 널찍한 갈색 종이를 꺼내 둘둘 감싸더니 다른 빵이랑 휘뚜루마뚜루 종이봉투에 넣어주는 것이었습니다. 쿠키 하나, 빵 하나 투명한 봉지로 포장된 우리나라의 빵집과는 단연 비교되는 모습이었습니다.

그리고 보니 코펜하겐의 제가 방문한 모든 빵집은 종이봉투와 종이포장지만 사용했고, 심지어는 편의점에서도 빵을 종이에 포장해 주었습니다. 비닐봉지를 사용하는 법이 없었습니다. 그리고 대부분 국민은 불편하게 생각하지 않고 익숙하게 생활하는 모습이 제 눈에 신기하기만 했습니다. 우리나라보다 온실가스 배출 감축량이 훨씬 많으며, 지속가능한 환경을 위해 더 노력하는 나라임에도 곳곳에서 친환경 라이프를 위해 노력하는 사람들의 모습이 정말 아름다웠습니다.

보이지 않는 1g의 무게

'세계 일회용 비닐봉지 없는 날'은 스페인에서 제안하여 시작되었습니다. 지금은 매년 미국, 프랑스 등 여러 나라 시민단체가 동참해 캠페인을 벌입니다. 우리나라에서도 문재인 전 대통령 정부에서 탄소중립 2050을 선포하고, 환경을 주제로 한 공익광고도 많이 늘었습니다. 환경에 대한 관심이 높아지면서 많은 사람이 환경과 관련된 날과 그 활동에 많이 참여하고 있습니다. 그런데도 환경의 날(6월 5일), 지구의 날(4월 22일)은 알지만 '일회용 비닐봉지 없는 날'은 처음 들어본다는 사람들이 많습니다.

7월 3일이 되자 주변에서 '오늘은 일회용 비닐봉지 없는 날'이라는 문자를 보내옵니다. '일회용 비닐봉지 없는 날이라니, 이러다가 환경의 날로 달력을 꽉꽉 채우는 거 아니야?'라는 생각에 약간의 피곤함이 몰려왔습니다. 하지만 주변의 독려는 누군가가 보지 않는 상황에서도 일회용 비닐봉지를 스스로 사용하지 않게 하는 동력이 되기도 합니다. 잠시 편하고자 했던 마음을 접고 환경 행동에 나섭니다.

요즘 슈퍼마켓에는 눈에 띄게 두루마리 봉지가 줄었습니다. 감자 한 알을 사도 봉지에 담아 왔는데, 채소 코너에 비닐봉지가 없어져 난감했던 적이 있습니다. 불편하다고 느끼던 것도 잠시, 비닐봉지가 없는 상황에 익숙해지자 전혀 불편하지 않습니다. 채소는 낱개로 저울에 올려 무게를 재고, 가격표를 붙인 다음 장바구니에 바로 넣으면 되니까요.

요즘 장을 볼 때는 네트백(과일이나 채소를 담을 수 있는 그물 가방)을 미리 챙겨서 다닙니다. 일회용 비닐봉지를 사용하고 싶지 않은 스스로의 다짐입니다. 그럼에도 생각하지도 못한 상황에서 비닐봉지를 반강제적으로 사용하게 될 때도 많습니다. 여전히 모둠쌈 채소나 깻잎은 투명한 봉지에 가지런히 담겨 있으니까요.

2015년 기준 우리나라 1인당 연간 비닐봉지 사용량은 410여 장, 총 사용량은 연간 255억 장이라고 합니다. 유럽의 다른 국가에 비해서도

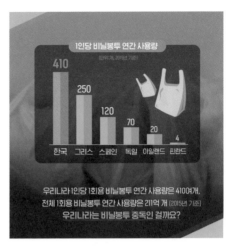

1인당 비닐봉지 연간 사용량 ©환경부

많게는 100배나 되는 수량입니다.

비닐봉지는 1959년 스웨덴의 공학자 튤린이 개발했습니다. 쉽게 젖고 잘 찢어지는 종이봉지의 내구성을 보완하고, 만들 때 공업용수가 많이 드는 면 가방의 경제성을 보완하기 위해서요. 비닐봉지는 가볍고 내구성도 좋아 오래 쓸 수 있으니까 환경에도 좋을 것이라고 생각했지요. 하지만 개발자의 의도와는 다르게 비닐봉지는 다회용이 아니었습니다. 한 장의 평균 사용 시간이 12분에 불과한 일회용품이 되어버렸습니다. 게다가 사용 후에는 재활용되지 않고 버려지면서 환경오염의 주범이 되었습니다.

'호랑이는 죽어서 가죽을 남기고 인간은 죽어서 비닐봉지를 남긴다'는 말이 우스갯소리가 아닙니다. 한 번 쓰고 버리는 비닐봉지로 인한 환경오염 문제는 해결되는데 100년이 걸릴지, 500년이 걸릴지 정확히 알 수 없습니다. 하지만 분명한 것은 비닐봉지는 플라스틱의 일종으로, 분해 속도가 아주 느리고 그 과정에서 발생한 미세플라스틱이 토양과 해양 생태계에 심각한 영향을 미친다는 점입니다. 즉 석유와 폴리에틸렌으로 만들어

진 비닐봉지는 생분해되지 않아 땅과 하천을 오염시킵니다. 또 바다로 흘러 들어간 비닐은 잘게 부서져 바다 생물에 축적되고, 먹이사슬의 경로에 따라 상위 단계인 인간의 몸속으로 들어옵니다. '설마 내 몸에도 쌓이겠어?'라고 안일하게 생각할 일이 아닙니다.

온실가스 배출량을 줄이고 일회용품을 줄이려는 이 거대한 흐름은 거스를 수 없습니다. 이를 위해서는 기업, 유통업, 소비자 어느 하나의 노력도 빠지면 안 됩니다. 정부에서는 일회용 봉지 사용을 줄이기 위해 여러 규정을 내놓고 있습니다. 2022년 11월 24일부터는 편의점에서 비닐봉지를 구입할 수 없습니다.

우리는 효율성을 갖춘 자동화 시스템으로 이미 사회 여러 분야에서 편리함을 누리고 있습니다. 그런 것에 익숙해져서일까요? 환경은 보호해야 하지만 내가 불편하기는 싫습니다. 또 습관처럼 사용하던 것을 내려놓는 데는 많은 시간이 걸립니다. 그래서 작은 실천이라도 해야 하지만 비닐봉지는 거절하기 어려운 것이겠지요? 하지만 모두가 각자의 자리에서 노력하지 않는다면 일회용 비닐봉지 사용 줄이기는 정착되기 어려울 것입니다. 과대 포장된 상품은 사지 않고, 시장에서 가볍게 건네는 비닐봉지를 '어렵게' 거절하는 행동은 이미 눈앞에 닥친 기후위기에 올바르게 적응하려는 우리의 노력일 것입니다. '괜찮아, 조금만 불편하면 돼.'라는 마음가짐이 절실한 때입니다.

그 많던 비닐 쓰레기는 어디로 갔을까?

십여 년 전 필리핀 마닐라를 찾았을 때입니다. 한 대학교에 방문하기 위해 버스를 타고 도심을 가로질러 이동했습니다. 버스 창밖으로 무언가 알록달록한 언덕이 있었습니다. 도심 한복판에 있는 언덕은 대체 뭔지 짐작하기 어려웠습니다. 그런데 가까이 갈수록 제 눈을 의심할 수 밖에 없었습니다. 그건 바로 쓰레기가 쌓이고 쌓여 생긴 언덕이었습니다. 정말 너무도 거대한 쓰레기 언덕이 한 층도 아닌 여러 층 계단 형태로 쌓여 만들어져 있었습니다. 도시 한복판을 가로지르는 길에 절대 있을 수 없는, 건물도 아닌 쓰레기 언덕이라니요?

자세히 보고 싶어 버스를 멈추고 쓰레기 언덕으로 다가갔습니다. 충격적인 것은 그 수천, 수만 장의 비닐봉지 쓰레기 언덕 위에서 사는 사람들이었습니다. 아이들은 그 위를 이리저리 헤집으며 먹을 것을 찾는 모습이었습니다. 산양처럼 생긴 뿔 달린 염소도 보였는데, 먹이를 먹는 것인지 비닐을 씹는 것인지 내내 질겅이고 있었고요.

도대체 이 나라에서 얼마만큼의 쓰레기를 배출하기에 도시 한복판에 이렇게 쓰레기 언덕이 생긴단 말인가! 하지만 더 충격적인 것은 가이드의 설명이었습니다. 이들은 외국에서 수입한 쓰레기를 거둬들여 되파는 일로 벌어 먹고 산다는 것이었습니다. 쓰레기 중 튼튼하고 질긴 비닐봉지를 다시 깨끗하게 세척해서 되팔고 그것으로 생계를 꾸려나가는 것이었지요. 이미 십여 년 전의 일이지만 어쩌면 처리되지 못한 쓰레기들은 아직도 쌓이고 있을지도 모르는 일입니다. 환경과 지역 주민들의 건강을 위협하는 쓰레기들은 전 세계 사람들이 편리하게 생활한 결과가 아닐까

하는 생각이 머릿속에서 떠나질 않았습니다.

바다거북이 먹은 그 비닐봉지

바다거북은 먹이를 찾다가 우연히 해파리와 비슷하게 생긴 비닐봉지를 먹는 게 아니었습니다. 이미 바다에 버려진 비닐봉지 쓰레기 표면에 미생물이 자라면서 먹이와 비슷한 냄새를 풍겨 먹이로 오인해 바다거북이 멀리서부터 찾아와 비닐봉지를 먹는다는 데에 심각한 문제가 있습니다. 이미 바다로 간 비닐봉지와 플라스틱은 우리가 어떻게 할 수 없습니다. 처음부터 바다로 가지 않게 하는 방법뿐이지 않을까요?

비닐을 먹이로 착각하는 거북이 ©ASEZ 글로벌 대학생 봉사단

> ### '비닐봉지를 해파리로 오인?
> ### 바다거북 플라스틱 냄새에 끌려'
>
> ---
>
> 애니멀피플, 20.3.10
>
> 세계적으로 바다거북이 플라스틱 쓰레기를 먹고 죽어가는 이유가 비닐봉지를 해파리로 오인하기 때문일까. 문제는 플라스틱이 먹이처럼 보이는 게 아니라 버려진 뒤 1주일만 지나면 먹이와 똑같은 냄새를 풍기는 데 있다는 실험 결과가 나왔다.
>
> ———— 중략 ————
>
> 버려진 플라스틱 표면에는 미생물, 조류, 식물, 갑각류 등 작은 동물이 들러붙어 다이메틸 설파이드 등의 휘발성 물질을 내는데, 이것이 다른 먹이와 같은 효과를 냈다.

돌고 도는 그린그램 현수막 에코백

우리 지역만이라도 비닐봉지 사용이 줄기를 기대하는 마음으로 폐현수막 에코백을 만들었습니다. 누군가 폐현수막 에코백에 물건을 사서 담아가면 다음에 가게에 올 때는 개인 장바구니를 이용하고 폐현수막 에코백은 다시 돌려주는 거지요.

슈퍼마켓에서는 종량제 봉투로 비닐봉지를 대체하고 있으니 제외하고, 학교 근처 과일가게와 야쿠르트 아주머니를 찾아갔습니다. 가게 사장님들에게 폐현수막으로 에코백을 만들게 된 과정을 설명하고 함께해 주길 부탁했습니다. 사장님들은 비닐봉지가 환경에 미치는 영향을 생각하시며 흔쾌히 동참했습니다. 사람들이 사용할 만한 충분한 양은 아니지만 에코백이 돌고 돌길 바라는 마음을 담아 아이들이 만든 에코백 뭉치를 건넸습니다. 이 시스템이 학교 근처 가게에서만이라도 정착된다면 얼마나 좋을까요?

생각했던 것보다, 기대했던 것보다 현수막 에코백은 돌지 않았습니다. 지금은 누군가의 집에서 잠을 자고 있을지도 혹은 버려졌을지도 모를 일입니다. 그렇더라도 아이들과 이 프로젝트를 진행하고 싶었습니다. 함께 고민하고 행동한 아이들은 언젠가 자기 손으로 장을 보게 될 때 이 경험을 떠올리며 환경 실천을 해 나갈 테니까요.

환경을 위한 선택이 결과적으로는 나를 위한 선택이었음을 깨닫는 사람들이 많아졌으면 좋겠습니다. 소소한 실천들이 만들어 내는 결과가 비가시적일지라도, 바람을 느끼듯, 자연을 느끼듯, 친환경을 느끼고 경험하는 삶이 점점 많아지면 좋겠습니다.

7월 3일은 국제 일회용 비닐봉지 없는 날입니다. 비닐봉지는 생산과정에서 탄소배출 및 에너지 사용의 문제를 낳습니다. 그뿐 아니라 폐기 과정에서도 매립하면 500년 이상 분해되지 않아서 토양오염을 일으키고, 소각하면 탄소배출로 오존층을 파괴하는 등 환경오염의 주범이라 할 수 있습니다. 일상생활에서 장바구니 사용, 에코백 사용을 실천하고, 또 폐현수막을 재활용하여 에코백을 만들어 사용하는 프로젝트를 실시합니다.

호랑이는 죽어서 가죽을 남기고, 인간은 죽어서 비닐봉지를 남긴다

김라희

7월 3일 '국제 일회용 비닐봉지 없는 날'을 준비하기 위해 친구들과 함께 현수막을 구하러 다녔다. 우리 반에서는 일회용 비닐봉지 없는 날 전교 행사로 '현수막가방 만들기 환경 챌린지'

현수막 에코백을 만드는 모습

를 계획했는데 무려 250명이 넘는 엄마들이 신청했다고 했다. 우리가 계획한 여름방학 환경 챌린지에 이렇게 많은 사람이 관심을 갖다니! 우쭐한 기분이 들었다.

선생님과 친구들은 버려진 현수막을 구해 일정한 크기로 잘랐다. 현수막 크기는 다양했는데, 어떤 것은 자르기가 쉽고 어떤 것은 너무 커서 자르기가 어려웠다. 그때 가림이가 아이디

옷 수선 가게 사장님의 도움으로 완성된 현수막 에코백

어를 냈다. 학교 근처에 자주 가는 옷수선 집이 있는데 친한 이모라고. 그 이모에게 잘라 달라고 부탁하여 전문가의 손길을 느껴보자고 했다.

토요일 오후 때마침 휴식 시간을 가지고 있던 옷수선집 이모에게 우리는 일회용 봉지 사용을 줄이기 위해 준비하고 있는 프로젝트에 대해 말씀 드렸다. 그리고 기회다 싶어 이모에게 국제 일회용 비닐봉지 없는 날이라는 게 있는데, 1g도 안 되는 봉지는 잘 썩지도 않아 환경에 좋지 않다는 것, 그리고 바다의 많은 동물이 비닐봉지를 먹는 사례들이 있다는 것에 대해서 짧게나마 이야기했다. 그러니 도움을 주실 수 없으시겠냐는 부탁과 함께! 역시 전문가는 전문가시다. 선생님과 우리가 교실에서 끙끙대며 몇 시간을 밑작업 했던 일을 이모는 예상대로 한번에 뚝딱 해결해 주셨다.

오늘 나는 새로운 경험을 했다. 아이들의 일에 어른들은 관심이 없을 줄 알았는데 진심으로 도움을 요청하니 기꺼이 들어주신다는 것이다. 두려움과 부끄러움이 자신감과 뿌듯함으로 바뀌는 순간이었다. 오늘 옷수선집 이모의 도움으로 밑작업을 끝낸 현수막이 250여 명의 아이의 손에 전해지고 다회용 가방이 되어 사용될 생각을 하니 벌써부터 기분이 좋아졌다.

버려진 현수막의 재탄생, 현수막 에코백

김가림

태어나서 처음 하는 바느질이었다. 겁이 많아 혹시라도 바늘에 손이 찔릴까 조심스럽게 바느질을 했다. 옆에 앉은 언니들은 꽤 술술 바느질을 해 갔다.

오늘은 폐현수막을 이용해 가방 만들기를 하는 날이다. 나는 동아리 언니들보다 더 잘하고 싶어 실은 어제 엄마께 홈질과 박음질을 먼저 배워왔다. 현수막 에코백 만들기에 특별한 바느질 기술은 필요하지 않았다. 연필로 바느질 선을 긋고 입구를 제외한 세 면에 박음질을 했다. 그리고 뒤집었더니, 가방 비슷한 것이 만들어졌다. 선생님이 준비한 다양한 디자인의 손잡이 중에 나는 도트무늬를 골랐다. 어깨에 메는 에코백은 이미 집에 두 개나 있어서 나는 손잡이가 짧은 에코백을 만들고 싶었다. 손잡이 양쪽 끝은 X자 모양으로 바느질해 더 튼튼하게 만들었다. 혹시라도 가방끈이 떨어져 민망해지는 상황은 만들고 싶지 않아서.

옆에 언니들도, 라희도 하나둘씩 가방을 완성했다. 나의 가방도 완성되는 순간이었다. 삐뚤삐뚤한 바느질이 조금 마음에 안 들긴 했지만 내 손으로, 그것도 버려진 현수막을 이용해 나만의 가방을 완성한 그 완벽한 기분을 나는 잊을 수 없다.

현수막은 행사, 광고 등에 잠깐 사용되고 버려지는 물건이다. 선거가 가까워져 오면 길거리에 현수막은 넘쳐난다. 그리고 그렇게 잠깐 사용된 현수막은 재활용되지 않고 소각되는데, 그때 온실가스가 발생한다고 선생님이 말씀하셨다. 생각보다 질기고 튼튼한데 한 번 쓰고 버려진다는 사실이 조금 안타까웠다. 어떤 사람은 현수막을 걸고, 또 어떤 사람은 현수

현수막에 바느질 하는 모습

완성된 현수막 에코백

막으로 이렇게 에코백을 만들어서 나눠 주고, 그래서 사람들이 비닐봉지 대신에 현수막 에코백을 사용하면 얼마나 좋을까? 한 번 쓰고 버리는 편리함보다 오래 쓰고 아껴 쓰는 사람들이 많아지면 좋겠다.

📖 함께 읽으면 좋은 환경 도서

비닐봉지 하나가
엄혜숙 글 (길벗어린이)

마을에 버려진 비닐봉지를 재활용해 지갑을 만들기 시작하는 감비아 여인들의 이야기를 담았다.

쓰레기책
이동학 글 (오도스)

우리가 버린 쓰레기는 어떻게 처리되는지, 다른 나라들은 쓰레기 문제를 어떻게 극복하는지 담았다.

알아두면 좋은 환경 이야기

플라스틱 어메너티를 거부하는 '무메니티' 여행

여행에서 실천하는 제로웨이스트 활동, 무메니티(無+amenity)에 대해 들어보셨나요? 원하지는 않았지만, 숙소에서 기본으로 제공되는 플라스틱 생수, 일회용 칫솔과 치약, 일회용 비누와 샴푸 등을 사용하는 것이 환경에 좋지 않다는 생각에 마음이 불편한 적이 있었을 거예요.

요즘은 기후위기에 대한 시민들의 의식이 높아져 일회용 편의용품을 거절하고 집에서 사용하던 용품을 챙겨 가는 사람들이 부쩍 늘었습니다. 지구와 나를 위한 지속가능한 방식의 여행을 위해서지요. 무메니티 여행을 위한 준비는 어렵지 않습니다. 집에서 사용하던 대나무 칫솔을 손수건에 말아 챙기고, 벌크로 사둔 고체 치약은 깨끗이 씻어 말려 둔 플라스틱 약통에 챙겨 넣습니다.

주방을 사용하는 경우는 준비물이 조금 더 생깁니다. 주방 고체비누나 소프넛 열매(뜨거운 물에 넣으면 거품이 생겨 주방세제 역할을 하지요)와 삼베 수세미를 챙기죠. 그리고 일회용 행주 대신에 소창 행주를 챙깁니다.

처음 시도한다면 조금은 번거로울 수 있겠으나, 매번 발생하는 일회용품 쓰레기를 줄인다는 점에서 뿌듯함으로 가슴이 벅찰 거예요.

삼베 수세미와 천연 솔, 소창 행주

소프넛과 샴푸바, 클렌징바

Small Action Big Wave

🏛 국제 일회용 비닐봉지 없는 날 교실에서 아이들과 함께한다면

◆폐비닐봉지 재활용하기

① 아이들과 『비닐봉지 하나가』라는 책을 읽습니다.

② 책의 내용으로 서로 질문하고 답하는 시간을 갖습니다.

③ 버려진 비닐봉지를 이용해 마을 사람들이 물건을 만들었던 것처럼 만들고 싶은 물건을 디자인해 봅니다.

◆일회용 비닐봉지 사용 줄이기

① 일회용 비닐봉지 사용은 환경에 어떤 영향을 끼치는지 알아봅니다.

② 일회용 비닐봉지 대신에 사용할 수 있는 대체품에는 어떤 것이 있는지도 알아봅니다.

③ 오늘 하루는 나도, 우리 집도 일회용 비닐봉지를 사용하지 않는 날로 정하고 비닐봉지 거절하기를 실천합니다.

④ 부모님이 장 보러 가신다면 꼭 장바구니를 사용하도록 권합니다.

⑤ 집에 모아둔 일회용 비닐봉지를 깨끗하게 정리하고 투명봉지에 담아 분리수거장에 올바르게 배출합니다.

> * 검정 비닐봉지에는 재활용 마크가 찍혀 있지 않습니다. 따라서 많은 사람이 일반쓰레기로 알고 있지만, 비닐봉지는 색상에 관계 없이 깨끗한 상태로 흩날리지 않게 투명 또는 반투명 봉지에 모아서 배출하면 재활용이 가능합니다.

🏠 국제 일회용 비닐봉지 없는 날 가정에서 아이와 함께한다면

① 가정에 있는 에코백, 지퍼백, 또는 네트백 등을 준비합니다.
   * 과일이나 야채를 담을 때는 그물 형태의 가방이면 됩니다.

② 준비한 다양한 가방들을 장바구니에 넣어 시장이나 슈퍼마켓에 갑니다.

③ 채소가게를 가서 채소를 구입합니다. 그때 비닐봉지를 거절하고 미리 준비한 네트백이나 에코백에 담아 받아옵니다.

④ 과일가게도 방문합니다. 과일도 비닐봉지에 담지 않고 준비한 가방에 담습니다. 가끔 가게 어르신들이 과일을 하나 더 주시기도 해요.

⑤ 아이와 함께 비닐봉지 대신 먹거리를 담은 장바구니를 집에서 나열해 보세요. 오늘 아이와 부모님은 일회용 비닐봉지를 사용하지 않았고, 쓰레기도 남기지 않는 친환경 활동을 하나 한 셈입니다.

네트백을 이용해 자두 구입하기

미리 준비한 용기

12

지구를 구하는 에너지

📅 에너지의 날 8월 22일

제트기류 병풍이 뚫리다

2023년 2월 학교, 아파트 등에서는 난방비가 급등하여, 전기료 폭탄을 맞았습니다. 지난 겨울 서울이 영하 16.7℃로 내려가는 등 10년 만에 기록적인 한파가 찾아왔기 때문입니다. 한파는 각 가정, 회사, 공공기관 등 난방기기 사용 시간의 증가, 횟수의 증가를 가져왔고 난방비, 전기료 인상 시기와 맞물려 지난겨울은 곳곳에서 급등된 난방비와 연료비 때문에 크게 시달렸지요. 집집마다 지난달 난방비에 놀란 가슴을 쓸어내리기도 전에 2월엔 더 큰 폭탄을 맞을 준비를 해야 했습니다. 근무하는 학교에서도 전 교직원을 모아놓고 시간대를 정해서 난방기기를 틀어야 한다는 의견이 나오기도 했지요.

그런데 우리나라를 비롯한 중국, 일본 등 동북아시아 지역의 기온이 왜 갑자기 떨어진 걸까요? 원래 북극 찬 공기는 제트기류라는 공기 띠가 감싸고 있어 중위도 이하로 내려오는 것을 막아줍니다. 그런데 북극 기온이 상승하면서 제트기류의 힘이 약해지고 이 때문에 북극의 찬 공기가 중위도 이하까지 내려온 것입니다. 제트기류라는 병풍이 뚫린 거예요. 더 안타까운 것은 북극 기온 상승이 한파를 더 악화시키는 악순환에 빠뜨린다는 것입니다. 즉, 북극 기온이 상승하게 되면 빙하가 녹게 되고, 태양열을 반사하는 빙하가 녹음으로써 북극은 더 많은 태양열을 흡수하게 됩니다. 이렇게 북극 기온이 올라갈수록 중위도와 온도 차가 적어지고 결과적으로 제트기류가 약해지는 결과를 가져옵니다.

한파를 겪는 동안 우리는 얼마나 많이 화석연료를 사용했을까요? 온실가스는 얼마나 많이 배출되었을까요? 이는 또 얼마나 심한 한파를 다시 발생시킬까요? 한파로 인한 고통은 서민들, 취약계층에게 더 크게 다가옵니다.

'기후변화청구서'는 이러한 기후위기를 유발한 책임에 따라 동등하게 그 비용을 부담해야 하지 않을까요? 국제구호기금 옥스팜(OXFAM)에 따르면 전 세계 소득 상위 1%가 배출하는 탄소배출량이 소득 하위 50%의 탄소배출량보다 두 배 이상 많다고 밝혔습니다. 세계 인구 절반에 해당하는 사람들이 이유 없이 그 고통을 부담하고 있는 거지요. 기후 불평등의 관점에서 한 번 생각해 봐야 할 문제입니다.

이 정도면 야외 냉방 아닌가요?

한겨울에 대형쇼핑몰에 갔다가 더워서 겉옷을 벗고 쇼핑을 한 적이 있습니다. 히터가 너무 세게 나와서 숨이 막히고 열이 올라 얼굴이 빨개졌죠. 그런 사람은 저뿐만이 아니었습니다. "아, 더워."라고 하며 손부채질을 하는 사람이 많았습니다. 대형쇼핑몰에 히터가 잘 나온다는 걸 아는 사람들은 아예 겉옷을 차에 두고 오기도 했고, 어떤 사람들은 반팔 옷을 입고 다니기도 했습니다. 분명 한겨울인데 뭔가 잘못됐다는 생각이 들었습니다.

지난해 여름, 아이들과 쇼핑몰에 갔을 때도 비슷한 상황을 겪었습니다. 1층 가게는 모두 밖으로 문이 나 있는 구조였는데, 매장 안은 추울 정도로 에어컨을 틀어 놓았습니다. 매장 문을 활짝 연 채로 말입니다. 문을 열어두고 에어컨을 가동하는 걸 '개문 냉방'이라고 하는데 이건 개문 냉방을 넘어서 야외 냉방이라고 해도 과언이 아닐 정도였습니다. 개문 냉방은 엄청난 에너지 손실을 가져오는 걸 모르는 걸까요?

야외에 잠시 나왔다가 다시 매장으로 들어가려데 입구에서부터 이미 냉기가 흘러나옵니다. 한 매장을 방문한 후 매니저에게 물었습니다.

"매장 안은 북극처럼 추운데요, 에어컨을 너무 세게 트는 거 아닌가요?"

"그렇지만 이것도 전략이에요. 에어컨을 쐬며 더위를 피하려 들어 왔다가 물건을 사는 경우가 종종 있거든요."

쇼핑을 촉진하기 위해 에너지 절약이라는 개념은 안드로메다로 보낸 걸까요? 함께 쇼핑을 나왔던 아이들이 한마디 던집니다.

"엄마, 우리가 집에서 아무리 에어컨 온도를 올리고 전기를 아끼면 뭐해요. 이렇게 큰 쇼핑몰에서 종일 낭비하는 에너지가 얼만데요."

"기후위기 때문에 전기를 절약하고 에너지 소비를 줄이려고 노력하는 사람이 한 명이라면, 전혀 신경 쓰지 않고 막 써대는 사람들이 100명인 걸요? 헛수고라는 생각이 들어요."

틀린 말이 아니었습니다. 어른으로서 부끄러웠습니다. 기후변화를 심각하게 받아들이는 시민들은 각자의 방식으로 에너지를 절약하고 기후위기에 대응하기 위해 행동하고 있습니다. 또 주변과 연대하면서 그 의지를 다지고 있지요. 그런데 말도 안 되는 방식으로 에너지를 낭비하고 있는 대형쇼핑몰을 보니 화가 났습니다. 누군가는 기후위기 대응을 위해 노력하는데, 누군가는 기후위기 가속화를 돕는다면 2050 탄소중립은커녕, 지금보다 훨씬 악화된 지구를 우리 아이들에게 물려줄 수밖에 없을 텐데 말입니다.

조금 극단적이긴 하지만 얼마 전 한 친구가 이런 말을 했습니다.

"그냥 있는 화석연료 다 끌어다가 다 쓰고 기후변화는 더 심각해지고 여름은 더 더워서 에어컨 더 틀고, 겨울은 더 추워져 난방 빵빵하게 하고 결국 화석연료가 고갈되고 전기가 끊어져 봐야 다들 정신 차리지 않겠냐."

씁쓸했지만 틀린 말도 아니겠거니 하는 생각이 들었습니다. 그런데 왜 대형쇼핑몰은 전기세를 겁내지 않는 걸까요? 우리나라는 기업용 전기와 가정용 전기의 이원화된 요금체계를 가지고 있기 때문입니다. 기업은 헐값 상업용 전기를 쓰는 셈이죠. 우리나라는 현재까진 개문 냉방에 대한 규제가 없다시피 합니다. 전력 효율 개선이 필요하다고 판단되는 경우에만 에너지 사용 제한에 대한 공고를 하고 개문 냉방과 같은 행위에 과태료를 적용할 뿐입니다. 정부 차원의 적법한 정책이나 제도가 없는데, 어느 누가 헐값 전기를 마다하고 에너지를 절약하려 할까요?

개문 냉방을 적용하고 있는 매장에 대한 신고제, 엄중한 처벌안과 개선책이 필요하다고 생각합니다. 에너지를 과다하게 사용하면 전체 전기세가 오를테고, 피해를 입는 사람은 결국 저소득층, 취약 계층일 테니까요.

더운 여름에는 더위를 느끼고 추운 겨울에는 추위를 느끼면서 그 계절답게 지내보는 건 어떨까요? 더울 땐 시원한 물로 목욕하여 몸에 열을 내리고, 겨울엔 내복이나 얇은 옷을 껴입어 추위를 막는 방법이 있지요. 오랜 시절 우리 할머니 할아버지가 계절을 났던 그 지혜로운 방법으로요.

기후변화의 시대=에너지전환의 시대

인간에 의한 기후변화는 사실이 되었습니다. 인류는 홀로세를 지나 지구의 인간들이 버린 플라스틱 쓰레기와 치킨 뼈로 지층이 다시 구성되는 인류세에 살고 있습니다. 우리는 공룡이 멸종했던 다섯 번째 대멸종을 지나 또 다른 대멸종을 바라보고 있다고 해도 과언이 아닙니다. 여섯 번째 대멸종이 지금까지와 다른 점은 바로 인간에 의해 이루어지고 있다는 점입니다. 끊임없는 화석연료 사용으로 촉진된 지구온난화는 위기의 지구를 만들어 가고 있습니다.

지금처럼 전 세계 사람들이 모든 에너지를 화석연료에서만 얻으려고 한다면 머지않아 화석연료는 고갈되고 지구온난화는 더 심각해질 것입니다. 결국 우리는 에너지전환을 반드시 해야 하는 시대에 살고 있습니다.

화석연료의 사용을 줄이고 태양에너지, 풍력, 바이오매스, 지열 등과 같은 재생 가능한 에너지의 사용을 점점 늘려야 합니다. 궁극적인 에너지전환은 재생 가능한 에너지의 사용, 그리고 에너지의 효율적인 사용을 통해 에너지 소비를 줄여가는 것, 재생에너지의 생산과 공급이 에너지 소비를 따라가지 못하는 일이 생기지 않도록 에너지를 효율적으로 사용하는 것입니다. 이는 우리 모두가 함께 행동해야 할 과제입니다.

재생에너지를 넘어 새롭게 알아야 할 신재생에너지가 있습니다. 신재생에너지는 수소, 산소 등의 화학반응을 통해 전기나 열을 이용하는 신에너지와 태양, 물, 지열, 생물유기체 등 재생 가능한 에너지를 이용하는 재생에너지를 더한 것입니다. 화석연료를 대체할 수 있는 신재생에너지는 온실가스를 배출하지 않는 친환경적인 에너지원이라는 장점을 가지고 있습니다. 아직은 생산 비용이 많이 들어 효율성이 높지 않고, 불안정하다는 단점이 있지만, 이를 보완하는 연구 개발이 계속해서 이루어지고 있습니다. 이와 함께 우리 아이들이 친환경적인 에너지자원에 관심을 가지고, 신재생에너지를 개발하고 연구하는 일을 직업으로 가질 수 있도록 올바른 생태전환교육, 기후변화 교육을 해 나가야 합니다.

기후위기를 겪고 이는 우리 모두는 지구온난화에 직접 영향을 미치는 에너지 문제에 대해 적극적으로 관심을 가지고 에너지전환, 에너지 절약을 실천해야 할 것입니다.

열두 달 환경 일기

8월 22일은 에너지의 날입니다. 우리가 사용하는 에너지 대부분은 화석연료를 때서 얻어지고 이것은 온실가스의 배출을 높이고 결국 더 심각한 지구온난화, 기후변화를 가져옵니다. 즉, 일상생활에서 전기를 아끼는 일이 결코 작은 일이 아니지요. 여름에 에어컨 설정 온도를 높이고, 에너지 효율이 높은 LED등을 사용하는 등의 실천으로 에너지 절약 운동을 진행합니다.

여름은 여름답게!

배사랑

'적정온도 유지하기 챌린지!'

8월 방학이 되었다. 그리고 오늘은 22일 에너지의 날. 반 친구들과 친구 지목해서 에너지 절약 실천하기 챌린지 하는 날이다.

내가 사용하고 있는 에너지 대부분은 석유, 석탄, 천연가스를 태워서 얻는다. 이들은 아주 오래전에 지구에 살았던 식물이나 동물들의 화석으로 만들어졌기 때문에 우리는 화석연료라고 부른다. 전 세계 인류가 소비하는 에너지 중 80%가 화석연료에서 얻는 것이라고 했다. 그리고 이 화석연료 사용은 바로 지구온난화의 직접적인 원인이 된다. 화석연료를 태울 때 바로 온실가스가 배출되는데 여름에 사용하는 에어컨 역시 온실가스의 주범인 것이다.

나는 추위보다 더위를 많이 타는 편이라서 우리 집은 거의 종일 에어컨을 틀어 놓는다. 에어컨을 틀어 놓고 시원한 바람을 맞으며 TV를 보면 호캉스 부럽지 않은 여름방학 생활이라고 생각했는데, 내가 여름에 생각 없이 틀어 놓는 에어컨 때문에 온실가스 배출량이 높아진다고 생각하니 당장 습관을 고쳐야겠다는 마음이 들었다.

나는 에어컨 적정온도 설정하기 챌린지를 실천하기로 했다. 여기서 잠깐! 현명한 에어컨 사용법을 알아볼까?

먼저, 에너지효율등급이 높은 에어컨 사용하기가 있다. 에너지 소비효율 등급은 전기를 절약하는 데에 중요한 역할을 한다. 에어컨의 경우 1등급 제품을 사용하면 제일 낮은 단계인 5등급 제품을 사용했을 때보다 30~40% 이상 전기료를 낮출 수 있다고 하니 효율등급이 높은 제품을 사용하는 것이 좋다.

그리고 최적 온도는 26℃로 설정해 놓으면 전기요금을 크게 절약할 수 있다. 처음에는 바람의 세기를 강하게 하여 짧은 시간 안에 실내의 온도를 낮추고 적정온도인 26℃ 유지하기! 선풍기를 에어컨 방향으로 틀면 시원함의 효과는 두 배가 된다.

나보다 에어컨을 더 사랑하는 우리 아빠에게 오늘부터는 적정온도를 유지하는 게 앞으로 내가 살 지구를 도와주는 일이니까 꼭 지켜달라고 말할 것이다. 이제 우리 집은 무조건 에어컨은 26℃ 유지와 선풍기 사용이다! 오늘부터 실천하는 에너지 절약 챌린지는 꾸준히 지키도록 노력할 것이다.

여름은 좀 여름다워야지!

에너지의 날에 절약을 실천한 다이어리 기록　　에어컨 설정온도를 높이고 선풍기를 사용하는 모습

우리 집도 LED 등! 김가림

며칠 전부터 아빠가 전등을 교체할 계획을 하고 있었다. 우리 아빠는 원래 환경에 관심이 없었는데 내가 환경에 대해 공부하고 실천하면서 아빠도 환경에 관심을 가지게 되었다.

곧 있으면 8월 22일 에너지의 날이니 '우리 집은 어떤 챌린지를 할까?' 하고 아빠와 함께 고민하다가 집에 있는 전등을 모두 LED로 바꾸면 어떻겠냐는 의견이 나왔다. 물론 전기에너지 대신 신재생에너지를 사용할 수 있으면 제일 좋겠지만.

아참! 그러고 보니 얼마 전 보미네 집은 아파트 베란다에 태양광판을 설치했다고 했다. 정부지원금으로 태양광판을 설치했는데, 보미도 환경에 관심 많은 친구라 친환경에너지를 사용한다는 데에 굉장한 자부심을 가지고 있었다.

독일에 있는 보봉 마을은 마을 전체가 친환경에너지를 사용하는 마을이다. 태양광판을 모든 집의 지붕에 설치해 태양으로부터 무한한 에너지를 받아 쓰고, 남는 에너지는 전력회사에 되팔아 수입을 만든다. 그 마을에 대한 영상을 보면서 미세먼지 없고 차 없는 거리에 사는 사람들이 마냥 부러웠다. 보봉 마을에는 차가 거의 없어서 차가 있는 사람은 주차 비용으로 엄청 많은 요금을 지불한다고 했다. 마을 사람들 대부분은 자전거를 타고 다니며, 마을 텃밭을 일궈 웬만한 농산물은 직접 가꿔 먹었다.

우리 마을도 그런 친환경 마을이 되면 얼마나 좋을까? 나는 나중에 시의원이 되어서 우리 창원시를 친환경 도시로 만들고 싶다. 탄소배출을 최소한으로 줄이고 곳곳에 도시 숲을 만들고 친환경에너지를 사용하는 도시로 말이다.

아직 우리 집 공간 중 3군데는 형광등을 사용하고 있었다. 주방과 내 방, 그리고 동생 방. 오늘은 아빠가 이 3곳에 모두 LED 등을 설치하자고 하셨다.

형광등과 LED 등은 어떤 차이가 있냐고? 형광등은 에너지 효율이 낮아 전력 소모가 큰 게 단점이다. 전력 소모가 크다는 말은 결국 온실가스 배출량이 높다는 말이고 이는 지구온난화에 영향을 준다는 뜻이다. 반면 LED 등은 전기에너지를 빛에너지로 전환하는 효율이 높아 많게는 90%까지 에너지를 절감할 수 있다고 아빠가 말씀하셨다. 물론 가격은 LED 등이 더 비싸긴 하지만 장기적으로 봤을 때 LED 등을 사용하는 것이 에너지 효율이 높으므로 탄소배출량이 비교적 낮은 것이다.

우리 창원은 2017년도에 세계 최초로 도시 전체 가로등을 LED 등 조명으로 교체했다고 한다. 그래서 전력사용량을 약 67%나 줄였다고 하는데, 친환경에너지로 당장 전환할 수 없다면 에너지 효율이 높은 제품을 사용하는 것이 그나마 전기를 절약하는 방법이다. 8월 22일 에너지의 날, 우리 집은 LED 등으로 완전교체 챌린지 완료!

LED 등으로 전등을 교체한 모습

📖 함께 읽으면 좋은 환경 도서

우리는 모두 그레타

발렌티나 잔넬라 글, 마누엘라 마라찌 그림 (생각의힘)

툰베리의 이야기를 통해 지구를 위해 목소리를 내야 할 필요성을 일깨우는 내용을 담았다.

얘들아, 기후가 위험해!

닐 레이튼 글 · 그림 (재능교육)

기후변화에 맞서 어린이들이 지구를 구할 방법을 소개한다.

Small Action Big Wave

🏫 **에너지의 날** 교실에서 아이들과 함께한다면

① 화석연료가 주 에너지원으로 사용되며, 이는 지구온난화에 큰 영향을 미친다는 사실을 함께 알아봅니다.

② 재생에너지와 신재생에너지의 의미와 그 종류를 알아봅니다.

③ 8월 22일 에너지의 날 하루 동안 '에너지 챌린지'를 실천합니다. 선생님을 시작으로 에너지를 절약하는 모습이 담긴 사진을 인증하고 다른 친구 한 사람을 지목하는 방식으로 진행합니다.

④ 차례가 된 사람은 가정에서 실천할 수 있는 에너지 절약 방법을 한 가지 소개하고 사진으로 인증한 후 다음 친구를 지목합니다.

에너지 챌린지 인증 사진

🏠 에너지의 날 가정에서 아이와 함께한다면

① 에어컨의 적정온도는 26℃로 맞춥니다.

② 전기밥솥에 보관되었던 밥은 통에 덜어 냉장고에 보관하고, 먹기 전에 덥혀 먹습니다.

③ 밥솥, 전자레인지 등 사용하지 않는 전기 플러그는 뽑아 놓습니다.

④ 휴대폰 충전이 완료되었다면 어댑터를 빼놓습니다.

⑤ 낮에는 창가의 빛을 활용하고 거실 조명은 꺼 둡니다.

⑥ 청소기의 전기 효율을 위해 필터를 비웁니다.

⑦ 공동주택의 저층에 산다면 엘리베이터 대신 계단을 이용합니다.

⑧ 형광등을 사용 중이라면 LED 등으로 교체하는 것도 좋아요.

⑨ 아이의 글씨로 적은 에너지 절약방법을 곳곳에 붙여 둡니다.

   * 아이가 에너지 절약 실천하는 모습을 사진으로 출력해 냉장고에 붙여두고 자주 칭찬해 주세요.

가정에서 전기 사용을 줄이는 다양한 방법

생태전환교육

ECOLOGICAL EDUCATION

우리는 이제 "미래는 어떻게 될까?"라고 질문할 것이 아니라,
"미래를 어떻게 만들고 싶은가?"라고 자문해야 한다.

13

쓰레기가 아니라 자원이야!

📅 자원순환의 날 9월6일

우유팩은 종이가 아니예요

**'우유팩', 일반 종이와 섞어 배출하면 재활용 어려워…
종이류 아닌 '종이팩'으로 전용수거함에 따로 배출해야'**

이와 비슷한 뉴스를 한 번쯤은 접해 보셨을 거라 생각합니다. 하지만 아직도 많은 사람이 종이와 종이팩을 따로 분리배출해야 한다는 사실을 바르게 알지 못하고 있어요. 왜냐하면 분리수거장 대부분에는 종이팩 수거함이 따로 설치되어 있지 않기 때문입니다. 우유팩은 늘 종이와 함께 분리배출했기 때문에 우유팩을 일반 종이라고 생각하고 있었을 테니까요.

종이팩은 종이와 어떻게 다를까요? 종이팩은 주로 우유나 음료 등, 위생적으로 안전이 필요한 음식을 포장하는 용기입니다. 만약 우유나 음료가 종이에 담겨 있다고 상상해 보세요. 보관은커녕 종이가 젖어버려 마시는 것조차 어려울 거예요. 종이팩은 크게 살균팩과 멸균팩을 나눕니다.

살균팩은 우유처럼 저온 유통되는 살균제품을 담는 데에 사용되고 윗부분은 지붕 형태로 되어 있습니다. 내용물을 보호하기 위해 비닐 재질인 폴리에틸렌(PE)을 종이 양면에 코팅합니다. 그래서 이 팩은 종이와 섞어 분리배출하면 재활용이 어렵습니다. 멸균팩은 또 어떻게 다를까요? 멸균팩은 보통 직육면체 형태로 되어 있습니다. 두유나 주스 같은 음료를 먹고 안을 들여다보면 흰색이 아닌 은색이 보일 때가 있습니다. 보존 기간이 길고 상온에서 보관이 가능한 이 팩은 폴리에틸렌 코팅에 안쪽 면에 알루미늄 코팅까지 더해 만든 용기입니다. 이 팩은 더욱 재활용이 쉽지 않습니다. 우유팩 같은 종이팩을 일반 종이와 따로 분리배출해야 하는 이유가 여기 있습니다.

환경부에서도 종이팩과 종이를 따로 배출할 것을 지침을 통해 밝히고 있습니다. '재활용자원의 분리수거 등에 관한 지침'을 통해 종이팩을 전용 수거함에 배출하도록 지자체에 제시하고 있습니다. 전용 수거함이 없는 경우는 끈으로 묶어 종이와 함께 배출해도 된다는 내용이 포함되어 있습니다.

교실 앞에 비치된 우유팩 분리수거함

하지만 아파트 분리수거장에 종이팩을 따로 정리해서 배출하는 사람들은 거의 없습니다. 대다수는 종이와 종이팩을 따로 분리배출해야 한다는 것을 모르는 데다가 종이팩 수거함도 없으니 과연 누가 적극적으로, 자발적으로 종이팩을 올바르게 분리배출할까요? 종이팩과 같은 소중한 자원이 제대로 분리배출되지 않아 버려지고 있지만 정부나 지역단체에서는 손 놓고 있는 실정입니다.

어떻게 버려야 하나? 왜 그렇게 버려야 하나?

쓰레기는 알면 알수록 어렵습니다. 재활용될 것 같아서 버린 게 일반쓰레기일 때가 있고 일반쓰레기라고 버렸던 게 알고 보면 소중한 자원이었던 적이 많습니다.

자원순환의 차원에서 본다면 모든 물품을 무조건 분리배출한다고 좋은 게 아닙니다. 분리배출에서 가장 중요한 것은 재활용되는 품목을 잘 알고 정확하게 내놓는 것입니다. 하지만 분리배출에 대한 정확한 정보를 잘 모르겠다고요? 맞아요, 우리 소비자는 기본적인 사항만 알고 있다 보니 정부 차원에서 좀 더 정확한 수거 체계를 제공해 주는 것이 좋을 것입니다.

재활용은 그 자체만으로도 온실가스를 줄입니다. 재활용량을 늘리는 방법 중 가장 중요한 것이 쓰레기로 버려지는 재활용품을 재활용품으로 회수하는 것입니다. 그러기에 재활용품을 올바르게 분리하고, 재활용률이 높아지도록 다른 쓰레기와 섞이지 않도록 해야 합니다. 이는 소비자에게만 일임할 수는 없습니다. 페트병만 예를 들어 봐도 색깔별로 분리해야 하고, 투명 페트병은 따로 분리해야 합니다. 별로 모든 품목을 다 분류할 수 있는 수거함이 설치되어 있지도 않고, 분리배출 방법이 자세히 나와 있는 것도 아니기 때문입니다. 결국 생산자와 소비자, 정부가 함께 노력해야만 가능한 일이죠.

소비에서부터 한 번 더 생각해야

언제부터인가 쓰레기는 우리가 사는 도시에 쌓이기 시작했습니다. 쓰레기는 매립, 소각, 재활용의 방법으로 처리되는데 매립과 소각은 분명 한계가 있습니다. 그간 우리나라는 플라스틱 쓰레기를 중국으로 수출하고 있었는데, 2018년 돌연 중국이 쓰레기 수입을 중단하였습니다. 플라스틱 쓰레기는 갈 곳을 잃었죠. 쓰레기 매립지가 충분하지 못한 우리는 다른 해외로 쓰레기를 수출하기 시작했습니다.

2019년 7월 필리핀 민다나오섬에 한국이 수출한 쓰레기 5,100톤이 쌓였습니다. 사실 이건 재활용 쓰레기라고 속여 재활용이 어려운 쓰레기까지 섞어 수출한 것이었습니다. 시간이 지날수록 쓰레기가 부패하면서 악취를 풍기기 시작하더니, 그 안에서 침출수와 엄청난 유해가스까지 배출되었습니다. 그 피해는 섬 주민들이 고스란히 입었습니다. 쓰레기는 우리가 만들었는데 피해는 우리보다 못사는 나라가 떠안은 셈이지요.

도시 과밀화는 더 빠른 속도로 진행되고 있고 따라서 쓰레기로 인한 문제도 더욱 심해지고 있습니다. 소비에 비해 쓰레기 재활용률은 매우 낮습니다. 이는 비단 우리나라뿐만이 아닙니다. 물건은 이미 넘치게 많은데도 여전히 생산되고, 우리 생활은 부족한 게 없지만 소비는 계속되고 있습니다. 이런 상황에서도 소비가 줄지 않는 이유는 무엇일까요?

우리는 물건을 사는 데는 관심이 많지만 정작 그것이 쓰레기가 되었을 때 어디로 가는지는 관심이 없기 때문이에요. 쓰레기가 휴지통에 들어가면 그 순간 우리는 쓰레기와 영원히 이별했다고 생각하니까요. 하지만 과연 그럴까요? 결국, 이 많은 쓰레기가 온실가스를 유발하고 이는 지구온난화, 기후변화, 기후위기라는 이름을 달고 우리 앞에 다시 돌아와 섰습니다.

이제 우리의 소비 방식도 변화해야 합니다. 가능하다면 쓰레기를 남기지 않는 제로웨이스트, 더 가능하다면 소비를 줄이는 방식으로 말이지요. 물건은 가능한 한 오래 쓰고, 제 기능을 다하고 사용할 수 없을 때 어쩔 수 없이 버려야 합니다. 즐겁게 소비하며 느낀 행복에 대한 책임은 우리 소비자가 져야 하는 것입니다. 분리배출을 잘한다고 모두가 재활용되지 않는다는 사실, 쓰레기는 돌고 돌아 다시 나에게 돌아온다는 사실을 생각하면, 오늘의 소비에 대해 한 번 더 생각해 볼 수 있지 않을까요?

잘 모르거나 전혀 모르거나, 7가지 플라스틱

우리는 보통 플라스틱을 한 번에 모아서 분리배출합니다. 누군가는 잘 몰라서, 그리고 대부분은 분리수거장에는 플라스틱 수거함이 하나뿐이기 때문이죠. 그런데 플라스틱의 종류가 무려 7가지라는 사실 알고 있나요?

재활용에는 물질적 재활용과 화학적 재활용이 있습니다. 물질적 재활용은 동일한 재질의 플라스틱을 모야 그 종류의 제품을 만드는 것이에요. 물론, 다양한 플라스틱이 합쳐져도 재활용은 가능합니다, 하지만 여러 종류의 플라스틱이 합쳐질수록 재활용 플라스틱의 품질은 낮아지지요.

우리나라는 '자원 절약과 재활용촉진에 관한 법률' 제14조에 근거해 분리배출표시제를 시행하고 있습니다. 우리나라는 색깔과 재질로 구분하고 있는 데 반해, 미국은 번호로 구분하고 있어 재질에 대한 고민 없이 같은 숫자만으로 분리할 수 있게 되어 있습니다.

우리나라 분리배출표시 기준(환경부고시 제2017-235)

플라스틱의 종류, 정말 다양하죠? 플라스틱으로 된 생수병이나 음료병은 몸통은 페트(PET) 재질이고, 뚜껑은 폴리프로필렌(PP)나 고밀도 폴리에틸렌(HDPE) 재질입니다. 즉 몸통과 뚜껑, 라벨을 따로 분류해 버려야 품질이 좋은 플라스틱으로 재활용될 수 있습니다. 하지만 현실적으로 완벽하게 분리배출하긴 어렵기 때문에 플라스틱 쓰레기는 다 한데 배출하고 있습니다.

플라스틱 쓰레기 중에서도 'OTHER(기타재질)'는 둘 이상의 플라스틱 재질이 복합된 재질이거나 혹은 플라스틱에 여타의 재질(금속, 스프링 등)이 붙어 있는 것을 말해요. 플라스틱 제품 중 높은 비중을 차지하는데 반해 재활용률은 낮습니다. 우리가 많이 이용하는 즉석밥 용기, 화장품

병, 세제통은 'OTHER' 재질로 된 것이 많습니다. 이들은 여러 재질이 섞여 있고, 분리배출도 제대로 되지 않아 선별장에서는 쓰레기로 분류되어 그냥 버려집니다.

너무 어렵다고요? 맞아요. 그래서 정부는 'OTHER' 재질 중 플라스틱에 금속이 붙어 있어 재활용이 어려운 경우 '분리배출하지 않도록' 표시하는 개정안을 예고하기도 했습니다. 하지만 여전히 근본적인 해결책이 되기에는 부족한 것 같습니다.

덴마크에서 한 달을 보내면서 가장 편리했던 것은 바로 직관적으로 알아 볼 수 있게 만들어진 분리배출 시스템이었습니다. 지방자치단체별로 달랐던 수거 방식을 하나로 통일해 쓰레기를 10가지로 분리해서 배출하도록 한 것입니다. 음식물, 금속, 유리, 플라스틱, 종이, 헌 옷, 우유팩, 유해폐기물, 포장박스, 일반폐기물이 바로 그것입니다. 우리나라의 복잡한 플라스틱 구분과는 달리 쓰레기를 분리배출할 때 페트인지 아닌지 구분할 필요 없이 플라스틱 수거함에 넣으면 됩니다. 2030탄소중립을 계획하고 있는 덴마크는 80% 이상의 플라스틱을 재활용한다는 목표를 세우고 플라스틱 재활용률을 높이기 위해 기술을 개발하고 있습니다. 분리배출을 소비자의 몫으로 돌리는 우리나라의 시스템과는 사뭇 달랐습니다.

덴마크의 각 가정에는 배출되는 쓰레기 품목에 맞게 분리배출 수거함 4종류가 설치되어 있습니다. 각 가정에서 지켜 분리배출해야 하는 항목은 늘어났지만, 종류를 명확히 구분하고 버릴 수 있어 시민은 편리하고 재활용 공정도 수월해지는 효율적인 시스템입니다.

우리나라는 2003년부터 생산자에게 제품의 수거 · 재활용 의무를 부과하는 생산책임재활용(EPR) 제도를 운영하고 있습니다. 생산자가 재활용

업체에 분담금을 내야 하는데 이 비용에 소비자 가격이 포함되어 있죠. 최근 환경에 관심이 늘면서 많은 소비자가 올바르게 분리배출을 하려고 노력 중입니다. 소비자의 노력이 많아진 만큼 재활용 과정에 참여하는 것이 쉽도록 제도 정비가 필요할 것입니다.

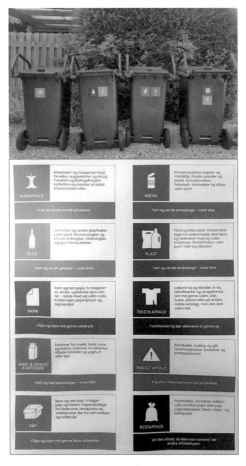

덴마크 가정에 비치된 분리배출 수거함과 항목 설명서

본받으면 좋은 이웃 나라의 종이팩 분리배출 표기

홋카이도로 여행을 떠난 적이 있습니다. 길거리에 쓰레기가 많지 않은 점, 가게나 식당 입구에는 담배꽁초만 버릴 수 있는 담배꽁초 수거함이 있는 점 등 우리나라와 사뭇 다른 일본의 쓰레기 처리 시스템이 인상적이었습니다. 일본은 쓰레기 분리 수거장이 일반 도로에 많이 설치되어 있는데 우리나라와 다른 점은 요일마다 분리배출하는 품목이 다르다는 것이었습니다. 한 달 동안 홋카이도에 머물 거라서 호스트로부터 일본의 분리배출 방법에 대한 안내를 받았습니다. 물론 지역마다 조금씩의 차이는 있겠지만 요일제로 운영되는 부분은 공통적이었습니다. 그리고 분리배출에 대한 안내가 아주 자세히 나와 있었습니다.

특별히 눈에 띄었던 것이 바로 종이팩을 따로 분리배출하는 점이었습니다. 그리고 언젠가 우리나라 우유팩에도 표기되면 좋겠다고 생각했던 종이팩 분리배출법이 우유팩에 상세히 적혀 있지 않겠어요? 너무나 신기했던 저는 종이팩 하나를 가져 와 아이들에게 보여 주며 우리나라에도 이런 시스템이 있으면 좋겠다는 말을 반복했습니다. 대형 슈퍼마켓을 방문한 저는 한 번 더 놀랐습니다. 마트 입구에 분리배출함이 있었는데 종이팩을 따로 수거하는 함이 있었습니다.

편의점을 비롯한 모든 가게에서는 일회용 비닐봉지 한 장에 무려 500원이나 받고 제공했으며, 이 비닐봉지는 대부분 생분해 재질로 된 것이었습니다. 크기에 따라 봉지 가격이 달랐는데, 일종의 환경부담금인 셈입니다. 본받을 부분이 많은 일본의 쓰레기, 재활용 문화라는 생각이 들었습니다.

소비는 날이 갈수록 급증하고, 일회용품을 비롯한 쓰레기는 점점 늘어나는데 우리나라도 쓰레기라는 개념보다 재활용이 가능한, 재활용이 쉬운 물건을 생산하는 방식의 전환이 시급하다는 생각이 듭니다. 쓰레기는 알고 보면 자원이니까요.

일본의 한 슈퍼마켓 입구에 설치된 분리배출함

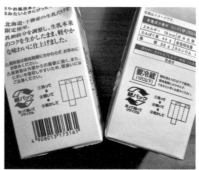

우유팩에 표기된 분리배출 방법

9월 6일은 환경보호와 에너지 절약의 의미를 담고 있는 자원순환의 날입니다. 자원순환은 어려운 일이 아니고 아이들도 할 수 있는 일입니다. 우유팩은 거의 매일 학교에서, 가정에서 아이들이 접할 수 있는 자원입니다. 쓰레기로만 알고 있던 우유팩이 재활용 자원이 되고 순환되어 다시 우리 곁으로 돌아온다는 사실을 직접 체험합니다. 올바른 분리배출은 자원 활용을 높이고 온실가스 감소에도 영향을 준다는 것을 이해합니다.

알고 보면 너무 쉬운 종이팩 분리배출 　　　김도윤

우유팩이 종이가 아니라고? 환경에 대해 공부를 하면 할수록 몰랐던 사실이 너무 많아 요즘 매일 즐겁다.

　종이팩이란 천연 펄프로 만들어지며 액체를 담아 보관하기 위한 종이 재질의 용기이다. 저온 멸균우유나 두유 등을 담기 위해 사용하는 멸균팩과는 또 다르다. 종이팩은 종이와 섞여 70% 이상이 재활용되지 못하고 있다. 우리나라는 종이팩을 분리 수거해서 재활용을 하는 시스템이 제대로 구축되어 있지 않기 때문이다. 그래서 먼저 알게 된 사람이라도 종이팩을 분리배출해야 한다.

우유팩 정리하기

종이팩은 100% 천연펄프로 만들어진다. 즉 우리나라 사람들이 매일 마시는 우유를 감당하기 위해 엄청나게 많은 나무가 희생된다는 것이다. 나무를 심는 것도 너무 중요하지만 사람들의 지나친 사용으로 나무가 남벌되는 것을 막아야 하는데 답답한 심정이었다. 종이팩은 올바른 분리배출과 수거가 동시에 이루어지면 100% 재활용되어 다시 휴지로 탄생한다. 우리가 사용하는 휴지 또한 천연펄프인데 이 휴지를 만들기 위해서도 얼마나 많은 나무의 희생이 필요할까? 그렇다면 우리가 종이팩을 잘 버리기만 해도 나무를 베지 않고 휴지를 만들 수 있다는 말 아닌가?

아직 나는 4학년이라서 선생님이 말씀하시는 분리수거 시스템, 재활용 시스템은 잘 모르지만 일단 내가 마시는 우유라도 팩을 따로 분리배출해야 한다는 생각이 들었다. 그런데 종이팩은 어떻게 분리배출해야 하냐고?

도윤이가 알려 주는
종이팩 분리배출!

① 흐르는 물에 깨끗이 씻는다.
② 가위로 잘라 펼친다.
③ 잘 말린다.
④ 함께 모아 분리배출 한다.

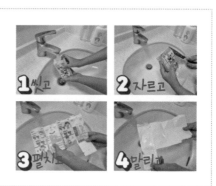

이렇게 간단하니 나부터 종이팩을 올바르게 분리배출해 보는 것이 어떨까? 나무도 살리고 자원도 아끼는 일석이조이다. 일일이 씻고 자르고 말리는 일이 귀찮을 수도 있지만 나무를 베지 않으니까 탄소배출량이 줄고, 자원을 재활용하니까 자원도 아낄 수 있어서 훨씬 좋은 일이 아닐까?

이름하여, 플라스틱 구출작전

권소연

살금살금, 어제 아파트 비상계단에 숨겨 놓았던 세제 통들을 엄마 몰래 학교에 가져가는 데 성공했다. 실은 올바르게 분리배출되지 못한 세제 통을 구하러 다니다가 엄마한테 들켜서 혼이 났다. 이렇게 중요한 일을 하는데 왜 우리 엄마는 혼내는지 모르겠다. 아마도 쓰레기를 주워 와서겠지?

우리나라에 '테라사이클코리아'라는 기업이 있는데 '쓰레기라는 개념을 없애자'라는 비전을 두고 재활용을 위해 노력하고 있다. 우리 선생님은 얼마 전 테라사이클코리아에서 시행하는 '우리가 GREEN 미래'라는 프로젝트에 참여해 보자고 하셨다. 분리배출이 애매한 플라스틱을 모아 테라사이클 코리아에 보내면 업사이클링해서 만든 화분을 보내주는 프로젝트였다. 예를 들면 칫솔은 나일론 소재와 고무 손잡이 등 혼합 재질로 만들어져 일반쓰레기로 버려야 하는데 많은 사람이 플라스틱으로 버리고 있었다. 이렇게 플라스틱인지 아닌지 애매한 물건을 모아서 보내는 활동이었다. 어쨌든 우리가 쓰레기라고 생각하는 물건들을 잘 모아 보내주면 재활용해서 재사용할 수 있는 물건으로 보내 준다니 그야말로 자원순환의 끝을 보여주는 게 아닌가 싶어 신났다.

아파트 분리수거장에 가 보니 플라스틱 수거함에 칫솔도 버려져 있고, 씻지 않은 세제통은 물론이고 분무기까지 다양한 물건들이 잘못 버려져 있었다. 우리는 그 물건들을 큰 봉지에 담기 시작했다. 나는 이런 활동을 하는 게 너무 재밌다. 환경을 위한다는 의미도 있고, 친구와 무언가에 집중해서 열심히 한다는 것도 신났다.

학교에 도착하니 우리뿐만 아니라 준혁이와 해성이도 물건을 한가득 모아왔다. 우리 반 친구들은 좀 멋지다. 선생님이 환경에 대해서 알려 주시면 반드시 실천하려고 노력하기 때문이다. 사실 혼자 하면 재미도 없고 실천하기 어려운데, 반 친구들이 모두 노력하고 함께 하니 실천하고 싶은 마음이 더 생긴다. 언젠가 선생님이 했던 말이 기억난다.

"개미가 힘을 합치면 코끼리를 들어 올릴 수 있다는 말이 있어. 선생님은 맞는 말이라고 생각해. 우리는 아직 너무 어리지만 한 사람 한 사람의 노력은 분명 큰 물결을 일으킬 거야."

우리는 그 후로도 약 4개월 동안 꾸준히 플라스틱 구출 작전을 펼쳐 많은 플라스틱을 구출해 냈고, 그 많은 쓰레기는 테라사이클코리아로 보내졌다. 쓰레기의 대단한 변신! 결과를 알고 싶다고?

세제 용기 모으기

교실 앞에 구출해 놓은 플라스틱

예쁜 화분으로 돌아온 플라스틱

Small Action Big Wave

🏛 **자원순환의 날 교실에서 아이들과 함께한다면**

① 9월 6일 자원순환의 날을 미리 준비합니다.

② 한 달 정도 교실에서 배출되는 종이팩을 깨끗하게 씻어 말립니다.

③ 교실에 박스를 준비해 두고 종이팩을 꾸준히 모읍니다.

    * 우리 반뿐만 아니라 다른 반에 이 활동을 홍보하여 함께하면 더욱 좋아요.

④ 잘 모은 종이팩을 근처 제로웨이스트샵으로 가져갑니다.

    * 미리 우리 동네 제로웨이스트샵이나 한살림, 자연드림 등에 연락하여 종이팩을 휴
      지로 교환 가능한지 알아봅니다. 행정복지센터를 이용해도 좋아요.

⑤ 종이팩이 휴지로 교환되는 장면을 아이들이 직접 경험합니다.

우유팩과 맞바꾼 재생휴지

🏠 자원순환의 날 가정에서 아이와 함께한다면

① 가정에서 배출되는 종이팩을 아이와 함께 씻고 말립니다.

② 씻은 종이팩은 가위를 이용하여 반듯하게 잘라 모읍니다.

③ 종이팩은 소중한 자원이므로 꼭 따로 분리배출해야 함을 아이에게 알려 줍니다.

④ 차곡차곡 모아진 종이팩 박스를 가지고 근처 제로웨이스트 샵 또는 한살림, 자연드림을 방문합니다.

　* 이곳에서는 종이팩을 재생 휴지로 바꾸어 줍니다.

📖 함께 읽으면 좋은 환경 도서

쓰레기는 쓰레기가 아니다
게르다 라이트 글 · 그림 (위즈덤하우스)

온 지구를 뒤덮은 쓰레기로부터 나와 지구, 우주를 구할 수 있는 방법을 알려 준다.

그건 쓰레기가 아니라고요
홍수열 글 (슬로비)

우리가 알고 있던 틀린 분리배출 방법을 제대로 알려 준다.

알아두면 좋은 환경 이야기

사업은 수단, 지구는 목적

여기 환경과 사회에 대한 책임을 지는 기업이 있습니다. '파타고니아', 이 기업의 중심에는 환경 철학을 내세우는 지구를 사랑하는 경영자 이본 쉬나드가 있습니다.

"우리 옷을 사지 마세요."라고 캠페인을 벌이며 환경을 위해 옷을 수선해서 입을 것을 호소하지만 매해 성장률을 갱신하는 기업 파타고니아. 이 기업의 성공의 중심에는 환경 피해를 최소화하면서 최고의 제품을 만들겠다는 철칙을 지켜 온 이본 쉬나드의 지구적 철학이 있습니다. 옳은 것을 선택하면서 좋아하는 일을 하고 사업적 성공과 더불어 환경보호라는 두 가지 목표를 실현해 나가고 있는 것이지요.

우리 모두는 끊임없이 소비하고 버리는 일을 기반으로 하는 현재의 세계 경제가 지구를 파괴하고 있다는 것을 알고 있다. 죄인은 바로 우리다. 우리는 써 버리고, 파괴하는 소비자이다. 우리는 필요는 없지만 원하는 물건들을 계속해서 사들인다. 우리에게 만족이란 없는 것 같다.

『파타고니아 이야기』 본문 중에서

파타고니아는 스스로가 기후변화 문제의 일부임을 인식하는 태도를 지니고 있습니다. 화석연료를 이용해 제품을 생산해내는 과정에서 온실가스가 발생하고 환경오염을 유발하는 사실을 인정하여 환경에 최소한으로 영향을 끼칠 수 있는 범위 안에서 제품을 생산하기 위해 노력하고 있습니다.

낡은 옷을 수선해 입으며 그 가치를 되찾으려 노력하는 의류 기업이 과연 몇이나 될까요? 이윤을 목적으로 하는 대부분의 기업에서는 말도 안 되는 소리로 들리겠지만 파타고니아에서는 당연한 이야기입니다. 최고 품질의 옷을 만들고 소비자들이 최대한 오래 입을 수 있도록 하는 것이 자원을 덜 낭비하고 폐기물을 줄이는 방법이라고 생각하니까요. 낡고 해진 옷을 무상으로 수선하는 캠페인을 벌이며 낡은 옷을 수선해서 입을 것을 적극 권장하고 있습니다. 오직 환경을 위한 기업 경영을 하는 파타고니아가 전 세계인의 사랑을 받는 이유는 바로 여기에 있습니다.

소비자인 우리는 지구를 위한 기업, 환경을 위한 기업의 제품을 선택할 수 있는 권리가 있습니다. 사업은 수단, 지구가 목적인 지구의 생명을 사랑하는 기업이 앞으로도 탄생하길 바라봅니다.

©PATAGONIA

14

남기는 자, 굶주리는 자

📅 음식물 쓰레기의 날 9월 29일

"먹고 남기세요."

먹을 음식이 없어 굶어 죽던 시절이 있었습니다. 농업혁명 이후 생산량이 증대했고 우리나라에는 먹을 것이 없어 굶어 죽는 사람들은 극히 드뭅니다. 보상심리라도 작용했을까요? 이제는 먹고 남아야 제맛이고 넘치게 차리고 남기는 음식이 있어야 제대로 손님을 대접했다 생각하는 시대에 살고 있습니다.

"남기면 되니까 더 시키세요."

"드실 만큼 드시고 남기세요."

언제부터 음식을 남기는 행위가 마치 상대방을 배려하는 바람직한 예의가 되었을까요?

웃지 못할 경험을 했습니다. 비빔밥을 먹기 위해 한 식당을 찾았습니다. 원래 식사량이 적은데 먹고 남기는 것이 싫어 주문하면서 "밥은 반만 주시고 대신 야채를 조금 더 주세요."라고 미리 부탁했습니다. 하지만 모두 다 똑같은 양의 밥이 나왔습니다. 밥이 적은 그릇이 무엇이냐 물었더니 밥 양은 정해져 있어 다 똑같다며 "먹고 남기세요."라고 말하는 것이 었습니다. 물론 사람이 많아 바빠서, 귀찮아서 그럴 수 있습니다. 하지만 멀쩡한 음식을 이유 없이 남기고 버리는 행위가 당연시되고 있는 것 같아 마음이 불편했습니다.

코스 요리가 제공되는 한식집을 방문하면 다 먹지 않은 그릇을 그대로 가져가고 다시 다음 음식이 담긴 그릇을 내옵니다. 남은 음식이 어떻게 되는지는 아무런 관심이 없습니다. 필요 이상으로 주문해 남는 음식을 버리는 게 우리에게는 너무나 자연스러운 일상이 되어버렸습니다.

우리나라에서 매년 음식물 쓰레기 처리로 발생하는 비용은 약 22조 원입니다. 전 세계에서 매해 버려지는 음식의 양 14억 톤, 그 경제적 가치 1,120조 원에 달합니다. 지구적 관점에서 볼까요? 지구상의 모든 인류가 먹고도 남을 만큼의 식량이 생산되지만 어떻게 된 이유인지 그 중 1/3은 그대로 버려지고, 전 세계 인구의 약 10%, 8억 명에 달하는 사람들은 굶주립니다. 식품 구매가 편리해지고 음식 보관법이 발달하면서 의도하지 않았던 문제가 발생했습니다. 바로 음식물 쓰레기 문제입니다. 소중한 음식이 왜 언제부터 쓰레기로 전락했을까요? 우리는 그것을 처리하기 위해 얼마나 많은 경제적 손실과 환경문제를 낳고 있을까요?

잔반을 남기지 않는 급식을 하고 있나요?

학교 급식시간이 되면 늘 바쁩니다. 집에서 도시락을 챙겨 오는 저는 시간이 여유로운 탓에 급식 지도를 조금은 엄격하게 합니다. 알레르기가 있는 음식을 제외하곤 식판을 깨끗하게 비우도록 가르칩니다. 하지만 아이들의 입장은 다릅니다. 알레르기는 없지만 식감이 이상한 반찬, 고기 반찬이 아닌 채소 위주의 반찬, 이유 없이 '그냥' 먹기 싫은 반찬은 남기려고 합니다. 아이들은 저마다의 음식을 남긴 이유를 말합니다. 아삭거리는 식감이 싫고, 물컹거리는 느낌이 싫고, 원래 매운 것은 못 먹고, 찌개에 들어가는 양파는 먹을 수 있지만 볶음에 들어가는 양파는 못 먹어서 남깁니다. 선생님이 더 먹으라고 하시면 어쩌나 하며 마음을 졸이며 식판을 검사 받는 아이들의 마음도 이해합니다. 하지만 잔반통에 넘쳐나는 음식물 쓰레기를 마주하면 그런 감정은 사라집니다. 어떻게 하면 아이들이 받아 온 음식을 남기지 않게 할 수 있을까만을 고민합니다.

음식물 쓰레기는 처리비용이 상당하고 처리과정에서 심각한 환경문제를 일으킵니다. 현재 전국적으로 학교에서 발생하는 급식 잔반 문제로 각 시도 교육청은 문제 해결을 위해 여러 가지 대안을 내놓고 있습니다.

기후위기 문제를 해결하기 위해서 음식물 쓰레기는 반드시 줄여야 합니다. 물론 재활용과 업사이클링하여 동물의 사료로도 사용하고 음식물 처리기기를 이용하여 텃밭의 퇴비로도 사용할 수 있지만, 그 모든 과정을 거치는 데에 에너지를 사용함으로써 온실가스를 더 배출할 뿐 아니라 오폐수도 발생시킵니다. 가장 좋은 방법은 음식물 쓰레기 배출을 줄이는 것입니다.

어쩌면 아이들은 자신이 남긴 급식의 잔반이 그 이후에 어떻게 되는지 그 과정을 알지 못하기 때문에 음식을 남기는 일을 쉽게 생각할지도 모릅니다. 그 때문에 아이들 눈높이에 맞게 지구적으로 생각하는 힘을 키워야 합니다. 지금 내가 남긴 이 음식물 쓰레기는 어떻게 되는지, 지구에는 어떤 영향을 끼치고 있는지를 알 수 있도록, 어릴 때부터 올바른 시각을 가질 수 있도록 친절하게 알려 줄 필요가 있습니다.

빠르면 유치원 때부터 고등학교 또는 대학교 졸업까지 10여 년 동안 넘게 아이들은 학교 급식과 마주할 것이고 음식물 쓰레기를 만들게 될 것입니다. 하지만 만약 어릴 때부터 올바른 식사 습관을 갖춘다면 그 반대가 될지도 모르겠습니다. 언젠가 학교 급식 잔반통을 보며 다행이라며 웃을 수 있는 날이 오면 좋겠습니다.

어쩌다 남긴 음식물 쓰레기는

멀쩡한데도 버려지는 음식이 너무 많은 시대를 살아가고 있습니다. 그리고 그 일에 우리도 한몫하고 있습니다. 음식물 쓰레기는 경제적 문제뿐 아니라 심각한 환경문제를 가져옵니다. 음식물 쓰레기로 인해 매년 33억 톤의 이산화탄소가 발생하는 믿기 힘든 일이 벌어지고 있습니다. 우리가 음식물을 버릴 때 낭비되는 것은 식량자원만은 아니기 때문입니다. 음식이 우리 집 식탁으로 오기기까지 필요한 모든 자원을 계산해 보면, 식재료를 생산하는데 필요한 토지, 물, 에너지, 연료 등과 식품을 운송하는 과정에서 사용하는 에너지를 다 낭비하는 셈입니다. 또 음식물 쓰레기는 버려진 뒤에 메탄가스를 배출합니다. 그렇다면 음식물 쓰레기는 어떻게, 왜 생겨날까요?

일반적으로 음식물 쓰레기는 조리하는 과정에서 발생하거나 음식을 다 먹은 후 남아 버려지는 음식을 말합니다. 하지만 조금 더 넓은 시각에서 볼까요? 음식물 쓰레기는 생산, 유통, 소비 과정에서 모두 발생합니다. 유통과정에서 상한 것을 버리는 것이 있는데, 이는 해외산 식재료의 경우에는 더 심각합니다. 전 세계적으로 식량 공급망이 넓어지면서 우리나라에서 자라지 않는 바나나와 아보카도를 1년 내내 사 먹을 수 있습니다. 칠레산 포도를 먹을 수 있고 호주산 소고기도 매일 먹을 수 있습니다. 하지만 이 식품들은 이동 과정이 길고 유통 단계가 많아 상해서 버려지는 것이 많습니다.

또 개인의 소비 패턴으로 인한 음식물 쓰레기의 발생을 볼까요? 정말 허기가 져서 음식을 구매하기보다는 필요 이상으로 식재료나 음식을 구매하는 경우가 훨씬 많습니다. 타임세일을 놓치고 싶지 않아서, 하나 사면 하나 더 주는 할인판매로 조금 더 저렴하게 살 수 있어서, 대용량으로 구매하면 훨씬 저렴해서 말이죠. 우리는 다양한 이유로 냉장고와 냉동고에 식량을 비축해 두고 있습니다. 마치 겨울을 나야 하는 동물처럼요. 그리고 그중 적지 않은 식재료를 손도 대지 않은 상태로 버립니다.

그런데 생산과정에서도 멀쩡한 식재료가 버려지는 경우도 많습니다. 파치를 아시나요? 파치는 상품성이 떨어지는, 생김새가 완벽하지 않은 농산물을 말합니다. 못난이 채소라고도 합니다. 일정 규격보다 너무 크거나 작은 것, 못 생겨서 상품 진열대에 올리지 못하는 것, 충분히 먹을 수는 있지만 약간의 흠집 때문에 팔 수 없는 것, 수확을 끝낸 후 주변에 떨어진 과일 등을 말합니다. 이러한 식품은 소비자에게 도착하기도 전에 미리 버려져 음식물 쓰레기가 됩니다.

언젠가 제주도에서 '담을장'을 방문한 적이 있습니다. 한 달에 한 번 '제주한살림' 식구들이 로컬푸드를 중심으로 생산자와 소비자들이 만나는 장을 만들어 서로 공유하는 장소입니다. 소농과 소가공 생산자들이 모여 직접 재배하고 만든 식품을 판매하는 장터인데, 여기서 파치를 처음 만났습니다. 못난이 채소라고 불리는 파치는 소비자에게 얼굴을 내보이기도 전에 버려지는데 이러한 식품의 낭비 문제를 해결하기 위해 생산자들이 직접 파치를 들고 장터로 나섰습니다. 못난이 채소이지만 음식물 쓰레기로 버려지는 것이 안타까워 홍보도 하고 기후위기의 대안으로 스스로 먹거리를 만들어야 한다는 이야기도 들었던 경험이 있습니다.

 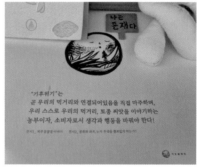

제주 담을장에서 만난 파치 인형   기후위기와 먹거리 이야기

음식물 쓰레기가 남기는 환경문제

음식물 쓰레기를 하나의 국가로 가정한다면 이는 전 세계에서 세 번째로 온실가스를 많이 배출하는 국가일 것이라고 합니다. 식품은 생산, 운송, 소비, 음식물 쓰레기 처리에 이르기까지 각 단계마다 많은 양의 온실가스를 내뿜기 때문이지요.

대부분 나라에서는 음식물 쓰레기를 처리하는 방법으로 매립하거나 소각합니다. 매립과 소각은 둘 다 많은 온실가스를 배출합니다. 우리나라는 음식물 쓰레기 매립이 금지되어 있지만, 아직도 법망을 피해 매립하였다가 홍수로 매립지가 붕괴되어 그 주변 하천을 심각하게 오염시킨 사례도 있습니다. 그럼 소각은 괜찮을까요? 음식물 쓰레기를 소각하는 과정에서도 다이옥신, 질소산화물 등의 다양한 유독가스를 내뿜어 공기오염의 주범이 됩니다. 물론 우리나라는 음식물 쓰레기의 재활용률이 높긴 하지만, 재활용 과정에서도 에너지가 사용되고 이는 다량의 온실가스를 배출하게 됩니다.

학교 급식에서 발생하는 음식물 쓰레기도 마찬가지입니다. 음식물 쓰레기를 자연친화적인 방법으로 미생물을 활용하여 퇴비로 활용하지 않는 이상 환경오염을 피해갈 수 없습니다. 결국 그 어떤 방법보다 음식물 쓰레기를 남기지 않는 것이 최선 아닐까요? 음식물 쓰레기는 줄이는 일은 따로 힘들이지 않고 특별히 노력하지 않아도 기후위기에 대응할 수 있는 지속가능한 방법입니다.

굶을 수밖에 없는 현실

유엔식량농업기구(FAO)에서 발표한 〈2021 세계 식량 안보와 영양 현황〉에 따르면, 2021년 기준, 기아로 시달리는 사람들은 8억 1100만 명에 달합니다. 세계 인구의 10%에 달하는 사람들이 기아로 허덕이고 있으며, 아프리카의 경우는 인구의 무려 21%가 굶고 있죠. 세계 식량 공급이 부족해서일까요? 기후위기로 생산량이 줄어들고 있는 건 사실이지만 여전히 전 세계 사람들의 배를 채울 수는 있을 만큼 충분한 양의 식량이 공급되고 있습니다. 그런데 대체 무엇 때문일까요?

아프리카 등지에서 일어나는 기아 문제는 단순한 식량부족 때문이 아닙니다. 대기업과 대주주 등 소수의 이해 관계자들에게만 거의 모든 이익이 돌아가는 불공정한 농업 시스템이 한몫합니다. 부자 나라들의 자본과 농업 기술에 의존할 수밖에 없는 이들은 노동력 착취, 인권문제에 시달립니다. 공정무역에 관심을 가져야 하는 이유도 여기에 있습니다. 가난한 나라들은 식량으로써의 작물이 아닌 수출을 위한 작물만을 재배하기 때문에 그들을 위한 식량작물 재배가 감소되고, 국민들은 식량부족 문제에 시달리는 것이지요. 근본적인 해결책은 없는 것일까요? 가난한 나라를 대상으로 경제적 논리를 주장하는 경제 지배자들의 각성과 굶주리는 이들에 대한 인류애가 필요한 시점입니다.

또 이들이 운영하는 단일 품종 대규모 생산(플렌테이션 농업) 방식은 토양을 훼손하는 농법으로 기후위기를 심화시켰고, 더 이상 농사를 지을 수 없는 토지에서 가난한 농민들을 더 가난하게 만들어 기아 상태에 내몰았습니다. 또 극단적인 기후변화는 농작물 생산을 어렵게 만드는 악순환의 고리를 만들었습니다. 지구의 평균 온도는 꾸준히 상승하고 있어, 홍수와 가뭄이 아니더라도 단순히 기온이 오르는 자체만으로도 식량 생산은 감소하는 것입니다. 평균 기온이 1℃가 오르면 식량 생산량은 7%가 줄어듭니다. 기온이 오르면 작물은 빠르게 생장하지만 열매를 키우는 데에 그만큼 시간이 줄어들어 생산되는 작물의 크기가 작아지는 문제가 발생하여 결과적으로 수확량이 감소하는 것입니다.

어쩌면 식량 위기는 가난한 나라만의 문제가 아닐지도 모른다

산업화 이전 시대와 비교해 지구 평균 기온은 겨우 1.1℃ 올랐을 뿐이지만 전 세계 사람들은 기후위기를 실감하고 있습니다. 녹색혁명 이후 곡물의 생산량은 꾸준히 증가하고 있지만, 주기적으로 찾아오는 가뭄과 홍수로 전 세계 곡창지대인 미국, 중국, 러시아 등이 타격을 입으면서 생산량이 정체되고 있습니다. 유럽에서는 폭염이 이어지고, 미국 전역에서는 심각한 가뭄으로 산불이 끊이지 않아 곡물 생산이 줄고 있습니다. 우리나라도 사람들이 주식으로 하는 벼, 밀, 보리, 콩, 옥수수, 감자 등 곡물의 가격은 최대치로 솟아 식량 물가 상승은 매년 이어지고 있습니다. 이제 식량 위기는 전세계의 문제가 되었습니다.

그러면 농경지를 더 확대하면 문제가 해결되지 않을까요? 이미 열대우림의 많은 지역은 팜유를 생산하기 위해, 소에게 먹일 사료를 재배하기 위해 경작지로 사용되고 있습니다. 하지만 숲을 개간해 경작지를 늘리는 일은 기후를 안정시키는 데 전혀 도움이 되지 않습니다. 왜 그럴까요?

대규모 농장에서는 생산량을 늘리기 위해 과도한 농약을 뿌리거나 화학비료를 사용합니다. 이로 인해 토양은 황폐화되고, 농작물은 전염병에 취약해져 얼마 지나지 않아 농산물 수확량은 줄어듭니다. 이렇게 토양은 회복력을 상실하게 되어 더 이상 탄소를 흡수하지 못하고, 극심한 기후변화를 견디지 못하지요. 그러면 다시 숲을 개발하여 농지를 넓히고, 그 농지는 얼마 지나지 않아 황폐화되고…. 이렇게 악순환이 계속됩니다.

기후위기는 농업에 큰 타격을 주며, 대부분의 나라가 이런 형편입니다. 지금과 같은 속도로 기온이 오른다면 가난한 나라뿐만 아니라 전 세계의 많은 나라가 식량 위기에 처할 것입니다. 곡물의 생산량은 줄고 가격은 높아져 점점 먹거리는 줄고, 그 종류도 사라질 것입니다.

생활에서 가볍게 생각했던 음식물 쓰레기 문제가 온실가스 배출로 기후이변을 일으키고, 결국 이는 식량 위기로 이어지는 것이지요. 먹는 일은 너무도 작은 개인이 기후 문제에 가장 큰 영향을 끼칠 수 있는 가장 직접적인 행위라고 해도 과언이 아닙니다. 언젠가 우리가 더 이상 프렌치프라이를 먹지 못하는 날이 오지 않길 간절히 바라는 바입니다.

9월 29일은 환경오염과 사회불평등의 의미를 담고 있는 음식물 쓰레기의 날입니다. 먹다 남긴 음식물 쓰레기는 매립이 불가능한 지경이 되어 소각에 큰 환경 오염을 일으키고 있습니다. 또 내가 음식을 남기고 있을 때, 어디에서는 먹지 못해 굶는 사람들이 있습니다. 인류애를 알기에는 너무 어린 나이라고요? 그렇지 않습니다. 어쩌면 인류애는 어린 시절부터 길러야 하는 마음일지도 모릅니다. 내가 남긴 음식물 쓰레기와 환경문제, 그리고 식량 불균형에 대해 생각해 봅니다.

나도 착한 사람, 음식을 남기지 않아요   이정민

교실에서 선생님과 가장 먼저 배운 노래는 '착한 사람들이 지구를 지켜요'라는 제목의 노래다.

> **우리 아빠는 착해 자전거로 출근해요**
> **우리 엄마는 착해 재활용을 잘하거든요**
> **우리 언니는 착해 수돗물을 아껴 써요**
> **나도 착한 사람 음식을 남기지 않아요**

아, 걸리는 부분이 있었다. '음식을 남기지 않아요.' 나는 음식을 골고루 잘 먹지 않는 편이다. 게다가 밥을 먹는 속도도 조금 느린 편이고 집에서 엄마가 해준 채소반찬은 그나마 먹지만 급식에 나오는 채소는 남기는 편이다. 왜 하필이면 '나도 착한 사람' 부분에서 '음식을 남기지 않는다'는 내용이 나왔을까? 수돗물을 아껴 쓸 자신은 있는데……

"정민이는 버섯을 좋아하지 않는구나?"

"네."

"버섯은 탕수육으로 먹어도 맛있고 구워서 파스타에 넣어 먹어도 맛있는데, 한번 먹어 볼까?"

선생님은 기어이 버섯 하나를 먹게 하신다. 몇몇 아이들에게 갖가지 반찬을 먹어 보라 권하시던 선생님은 '안 되겠는데'하는 표정을 지으며 고개를 갸우뚱하셨고 나는 그 모습을 보고야 말았다.

며칠이 지났을까? 선생님은 점심시간에 아이들에게 보여 줄 영상이 있다며 잠깐 앉아보라고 하셨다. 〈학교 급식실 잔반의 여행〉이었다. 방금까지 내 식판에 있던 음식은 잔반통으로 들어가는 순간 쓰레기가 되었다. 약간의 물기가 제거된 음식물 쓰레기는 수거 차량으로 옮겨져 음식물 처리장으로 이동하고 음식물 처리장에서는 음식물 쓰레기를 동물의 사료로 만들기 위해 건조과정을 거친다. 이 모든 과정에서는 온실가스가 배출되었다.

나는 지금 4학년. 1학년 때부터 버린 음식물 쓰레기는 과연 얼마나 될까? 나는 간접적으로나마 온실가스를 배출하는 데 보태고 있었던 것이다. 앞으로 이 지구에서 살아갈 사람은 바로 나인데. 어쩌면 지구를 위해 하는 일은 곧 나를 위한 일이고, 지구를 망치는 행위는 결국 나를 망치는 행위가 아닌가 하는 생각이 들었다.

'착한 사람이 지구를 지킨다. 나는 착한 사람. 음식을 남기지 않아요.'

어쩌면 내가 할 수 있는 가장 쉬운 일이 나에게 주어진 음식을 남기지 않고 다 먹는 일이라고 생각했다. 환경을 생각하는 마음으로, 지구를 생각하는 마음으로 결국 나를 위한다는 생각으로.

그 이후로 4학년을 마칠 때까지 나는 잔반을 하나도 남기지 않고 있다. 그리고 급식 시간에 나에게 주어진 음식을 다 먹는 일은 이제 습관이 되었다. 지금 나는 내 옆의 친구가 급식을 남기면 다 먹어 보라고 권할 정도가 됐다.

잔반이 남지 않은 정민이의 식판

'급식을 남기지 마세요!' 외치는 우리들

권소연

'잔반 줄이기 프로젝트'가 학교에서 대대적으로 실시되었다. 전 학급을 대상으로 2주 동안 잔반을 가장 적게 남긴 반을 선정하고 그 반에는 반 전체 아이들에게는 베스킨라빈스 아이스크림이 선물로 주어진다. 나는 우리 반이 최고의 반으로 뽑힐 거라고 생각하고 있었다. 우리 반 친구들은 3월 새 학기를 맞이한 후 셋째 주로 접어들면서 단 한 명도 급식을 남기는 친구가 없었기 때문이다. 지금껏 단 한 번도 이런 적이 없었는데 반 전체가 급식을 잘 먹는 반이라는 사실이 뿌듯했다.

최근 급식실에서는 자꾸만 늘어나는 잔반 때문에 잔반 문제 해결 방안을 놓고 고민하던 중이었다. 우리 환경동아리 친구들은 영양사 선생님께 '급식실과 함께하는 잔반 줄이기 프로젝트'를 운영하면 어떻겠냐고 제안했고 때마침 학교 어린이회에서도 급식 잔반에 대한 문제가 안건으로 올라와 '잔반 줄이기 대회'를 실시하자는 의견이 결정되었다.

얼마 전 우리 동아리는 '아이쿱 자연드림'으로부터 무라벨 종이팩 생수를 지원받았다. 무라벨 종이팩 생수를 어디에 사용하면 좋을까를 고민하다가 언젠가 환경행사에 사용하자고 했었는데 잔반 줄이기 프로젝트에 사용하면 좋겠다 싶었다.

'오늘의 일용할 양식을 버리지 마세요.'

'내가 남긴 음식은 누군가에게는 소중한 한 끼입니다.'

'지구를 위해 잔반을 남기지 마세요.'

우리는 다양한 포스터를 만들어 게시하고, 무라벨 생수에도 잔반 줄이기 홍보를 위해 그림을 그리기 시작했다. 생수팩에 정성스럽게 잔반 줄이

231

기에 함께 하자는 내용으로 그림을 그려, 평소 잔반을 많이 남기는 친구에게 선물로 주는 프로젝트였다.

2주간의 '급식실과 함께하는 잔반 줄이기 프로젝트'가 시작되었다. 우리 반은 2주 동안 완벽하게 급식 잔반을 0으로 만들었다. 스스로 기특하고, 반 친구 모두가 자랑스러웠다. 프로젝트가 끝나는 날 우리 반이 1등일 것이라는 예감은 틀리지 않았고, 베스킨라빈스 아이스크림을 선물 받은 우리는 날아갈 듯 기분이 좋았다.

'급식실과 함께하는 잔반 줄이기 프로젝트'를 진행하는 동안 급식실 잔반은 눈에 띄게 줄었다고 영양사 선생님께 전해 들었다. 모두가 관심을 가지고 노력하면 모두가 만족하는 결과가 따라온다는 것을 또 한 번 느끼게 된 경험이었다.

무라벨 종이팩 생수에 그린 급식 남기지 않기 포스터

📖 함께 읽으면 좋은 환경 도서

식량 위기에서 인류를 구할 미래 식량
박열음 글, 원정민 그림 (뭉치)

지구온난화가 우리 식량에 어떤 영향을 미치는지, 식량 위기는 어떻게 극복할 수 있는지 알려 준다.

냉장고가 사라졌다
노수미 글, 김지환 그림 (한그루)

불필요하게 많이 구입해 냉장고에 저장한 음식들은 먹지도 못한 채 음식물 쓰레기가 되고, 이러다 지구도 사라질까 걱정에 싸인다.

Small Action Big Wave

🏛 **음식물 쓰레기의 날 교실에서 아이들과 함께한다면**

① 평소 내가 남기는 잔반의 양은 어느 정도인지 생각해 봅니다.

② 우리 학교에서 나오는 급식 잔반의 양은 어느 정도인지 알아봅니다.

③ 급식을 남기지 않을 수 있는 실천 계획을 만들어 봅니다.

④ 우리 반에서 급식 남기지 않기(잔반 제로) 프로젝트를 구상해 보는 것도 좋아요.

    * 자율 점검제를 실시해 급식을 남기지 않고 다 먹은 날에는 토큰 하나를 각자 이름 통에 넣어요.

⑤ 일정 기간 동안 급식 남기지 않기 프로젝트를 실시하고 가장 잘한 친구에게는 적절한 보상을 하는 것도 실천 의지를 다질 수 있는 좋은 방법입니다.

⑥ 잔반을 많이 남기는 친구가 있다면 잘 먹는 친구와 급식실에서 같이 앉을 수 있도록 자리를 재배치하는 방법도 좋아요.

🏠 음식물 쓰레기의 날 가정에서 아이와 함께한다면

① 장을 보기 전에 냉장고에 있는 식재료를 아이와 함께 확인합니다.

② 소비기한이 다 되어가는 식재료를 우선으로 하여 오늘의 식탁을 구상해 봅니다.

③ 아이와 함께 장을 볼 때 대량으로 생산·공급되는 식재료보다 로컬푸드 나 유기농, 친환경이 표시된 식재료를 구입합니다.

④ 그릇에 음식을 담을 때에 가족의 식사량을 생각해 먹고 남지 않도록 양 을 조절해서 식탁을 차려봅니다.

⑤ 아이에게는 개인 식판을 사용하도록 하여 자신이 음식을 남기지 않고 먹 을 수 있는 양이 어느 정도인지 직접 확인하는 것도 좋습니다.

⑥ 오늘 우리 식탁에서 나온 음식물 쓰레기를 확인하고 점점 더 줄일 수 있 는 방법을 함께 고민해 보는 일도 좋아요.

'공평하지 않은' 기후변화 문제
기후정의

기후정의는 환경 정의에서 나온 개념이라고 할 수 있습니다. 환경 정의란 환경의 세대 간, 국가 간, 계층 간, 생물종 간 배분의 형평을 실현하자는 의미입니다. 즉, 자연환경은 모두에게 주어지는 것이기 때문에 환경에서 오는 다양한 이익을 국민 모두가 평등하게 누리고, 환경 파괴를 줄여 후손에게 잘 물려주자는 것이지요.

환경 정의는 1980년대 미국의 노스캐롤라이나주의 폐기물 매립장 건설 문제 때문에 생겨났어요. 이곳은 원래 상수도 보호 지역임에도 법원은 이 지역에 폐기물 매립장을 짓도록 허가를 내주었죠. 여긴 흑인이 사는 빈민가라서 가능했던 것입니다. 과연 백인들이 살고 있었다면 폐기물 매립장 건설 허가가 내려졌을까요? 이 사건을 계기로 환경 운동과 인권 운동이 더해져 환경 정의 운동이 시작되었습니다.

사전적 의미로 기후정의는 '기후변화의 원인과 영향이 초래하는 비윤리적이고 정의롭지 못한 점을 인식하고 그것을 줄이기 위한 사회 운동'입니다. 기후변화에 대처할 재정이나 기술이 없는 개발도상국을 지원해야 한다는 의미를 포함하고 있습니다.

개발도상국의 경우 기후변화로 생긴 산불, 쓰나미, 홍수 등과 같은 자연재해에 대비할 기술이나 경제력이 부족해요. 그렇기에 결국 기후변화로 발생하는 자연재해의 피해를 고스란히 입게 되는 것이죠. 사실 기후변화를 유발하는 온실가스의 배출량은 돈이 많은 나라, 부자 나라 즉 선진국이 더 많지만, 그 피해는 개발도상국에게도 똑같이 돌아가니 뭔가 불평등하다는 생각이 들지 않나요?

선진국이 이룬 경제적 발전과 풍요는 절대 자신들의 힘만으로 이루어진 게 아니에요. 그들보다 가난한 나라에 땅을 사고, 공장을 짓고 그곳의 저렴한 인적·물적자원을 활용해 경제적 성장을 이룩한 것이죠. 그러니 성장을 이룩한 부자 나라, 선진국이 기후 기금을 마련해 기후변화로 피해 입는 개발도상국 등 가난한 나라를 도와주어야 하지 않겠어요?

온실가스를 많이 배출해 기후변화를 몰고 온 선진국에서는 자기들이 배출한 온실가스로 고통을 받는 나라, 그리고 미래 세대, 자연 생태계를 위한 책임을 져야 합니다. 이것이 바로 기후변화로 비롯된 기후정의를 올바로 실현하는 자세가 아닐까요?

15

어서 와,
비건 쿠키는 처음이지?

📅 세계 채식인의 날 10월 1일

고기로 태어난 동물은 없어요

발리에서의 일입니다. 한 달간 지내는 동안 뿌뚜라는 친구가 생겼고 우연한 기회로 뿌뚜의 집에 놀러 갔습니다. 여행가이드가 직업인 뿌뚜는 여행객이 없을 때는 농장 일을 돌본다고 했습니다. 그것은 바로 양계장이었습니다. 육계, 그러니까 고기용 닭이 사육되는 양계장이었습니다. 잠시 둘러본 축사 안은 빛도 바람도 들지 않는 밀폐된 공간이었습니다. 조금 다행인 점은 철창 형태의 케이지에 갇힌 것이 아니어서 그나마 닭들이 걸어다녔지만 밀도 높은 공간에서 지내는 모습이 안타까웠습니다.

발리는 치킨의 천국입니다. 길거리 음식으로도 치킨이 유명하고 대부분 음식에 빠지지 않는 재료입니다. 종교적 문제도 있지만, 키우기가 쉬워 다른 고기에 비해 저렴하기 때문입니다. 우리나라에서도 닭은 인기 있는 식재료입니다. 한여름 복날이 되면 그날만큼은 학교와 회사 급식에 삼계탕이 나옵니다. 그리고 사람들은 스포츠 경기를 즐길 때 빼놓지 않는 먹을거리로 '치느님'을 선택합니다. 이것이 바로 '치킨'의 삶입니다.

닭은 사람과 오랜 시간에 걸쳐 지내온 동물로 아침이 되면 울음으로 시각을 알리고 맛있는 알을 주는 고마운 동물입니다. 하지만 지금의 양계장에서 닭은 오로지 알을 많이 낳는 목적으로 기르는 산란계와 태어난 지 3개월도 안 된 채 고기로 팔리는 육계로 나뉘어 길러지고 있습니다. '닭'보다는 '치킨'이 더 익숙한 그들의 삶은 어떨까요? 또 밀집 사육으로 길러지는 닭들이 조류독감으로부터 안전하려면 살충제는 필수인데 과연 치느님을 즐기는 사람들은 살충제의 독성으로부터 안전할까요?

최근에 사람들이 동물복지에 관심이 많아지면서 가능한 한 동물복지로 길러진 고기와 달걀을 구입합니다. 하지만 동물복지라고 해도 케이지의 인생에서 벗어나지 못하는 동물이 바로 '닭'입니다. 할 수만 있다면 먹는 횟수를 줄이는 일, 더 가능하다면 먹지 않는 일 그것만이 닭을 위하는 길이 아닐까 생각됩니다.

환경에 대해 교육하고 실천하려면 채식에 관한 이야기, 약간의 거부감은 생길 수 있지만 비건 식습관에 관한 이야기는 빼놓을 수 없습니다. 먼저 동물은 고귀한 생명이라는 관점에서부터 이야기해 볼까 합니다.

저는 동물을 좋아합니다. 하지만 내가 그동안 먹었던 동물과 내가 사랑하는 동물은 아예 다른 존재라고 생각했습니다. 사랑하지만 먹었고, 또 몰랐기 때문에 먹었다고 해야겠지요. 동물의 권리나 윤리에 대해서는 알지 못했고 생각하지 못했습니다. 배우지 못했고 일부러 알려고 노력하지 않았습니다. 중학생이던 시절, 대형 슈퍼마켓이 발달하기 전 동네 골목 끝에는 작은 정육점이 있었습니다. 가끔 엄마가 김치찌개에 넣을 재료로 돼지고기를 사 오라 심부름을 시키면 저는 그게 그렇게 싫었습니다. 고기는 맛있지만 주렁주렁 널려 있는 붉은 살과 쇠고랑에 걸린 동물의 갈비뼈를 보는 일이 유쾌하지 않았습니다.

언제부터 동물은 음식으로 동일시되어 버렸을까요. 그 어떤 생명도 함부로 대해서는 안 된다는 생각을, 지능이 가장 높은 인간은 왜 하지 않았던 것일까요? 지구의 역사를 24시간으로 환산했을 때 인간이 지구에 머문 시간은 겨우 2분밖에 되지 않습니다. 인류의 등장으로 그 전부터 존재했던 모든 자연은 훼손당하고 있습니다. 특히 동물생태계는 사람들 때문에 그들만의 약육강식의 질서가 깨지고 서식지마저 잃어가고 있는데, 식재료로 쓰이는 동물들은 그들에게 주어진 삶마저 인간에 의해 죽음이 결정되고 있습니다.

어떤 동물도 음식이 되기 위해 태어난 존재는 없음을 생각하면 좋겠습니다. 완벽한 채식주의자가 되길 바라는 마음은 아닙니다. 다만, 인간 역시 자연의 일부임을, 우리는 서로 연결되어 있음을, 같은 지구에서 잠을 자고 먹고 마시며 관계를 맺고 있는 공동체임을 생각하면 좋겠습니다. 동물을 축산업의 생산품으로 동일시하여 생명을 상품화하는 시각이 사라지길 바랍니다.

공장식 축산

저는 우연히 독서 모임에서 읽었던 책 한 권 때문에 채식을 택하게 되었고, 그 후로도 동물과 비건을 주제로 한 책을 읽으며 비건으로 살아가는 데 힘을 얻고 있습니다. 하지만 환경을 교육하는 교사로서 개인의 취향이 아니라 과학적 근거에 따른 중립을 지켜야 하기에 축산 산업과 환경에 대한 관계를 살펴보았습니다.

충격적이게도 전 세계 인구가 소비하는 대량의 고기는 많은 양의 온실가스를 유발하고 있었습니다. 바로 '공장식 축산업'의 결과입니다. 지금과 같은 추세이면 2050년 탄소중립을 이루어야 하는 해에 온실가스 배출량의 약 50%는 농·축산업에서 발생하게 됩니다.

축산업에서 발생하는 탄소배출량은 전 세계의 탄소배출량 중 무려 18%입니다. 하지만 국내 축산업계에서는 축산업의 탄소배출량은 18%가 아닌 겨우 1.3%라고 주장합니다. 그 이유는 국내 축산업이 축산업의 탄소배출량을 계산할 때 소가 만들어 내는 방귀나 트림에서 발생하는 메탄가스와 분뇨를 처리할 때 발생하는 이산화질소만 계산하기 때문입니다. 가축을 키우기 위한 축사를 만들기 위해 토지를 개간하면서 생기는 온실가스, 가축을 먹일 곡류를 생산할 때 발생하는 온실가스, 운송할 때 발생하는 온실가스 등은 포함하지 않습니다. 2006년 유엔 식량농업기구의 보고서에 따르면 국내의 공장식 축산업이 발생하는 탄소배출량은 18%에 달하고 이는 전 세계 운송업이 배출하는 이산화탄소의 양이 13%인 것과 비교했을 때 그 심각성을 느끼게 합니다.

동물을 밀집 사육하는 공장식 축산* 방식은 동물들의 면역력을 떨어뜨려 폐사율을 높이고, 좁은 스툴에 갇혀 지내는 동물들의 스트레스를 높입니다. 그런데도 공장식 밀집 사육을 버리지 못하는 이유는 무엇일까요? 바로 경제성 때문입니다. 동물의 복지를 생각한 '동물복지' 농장은 경제성 면에서 떨어지기 때문입니다. 결국 더 많은 고기를 더 빠른 시간에 만들

---

* 공장식 축산이란 생산비를 낮추고 가격 경쟁력을 높이기 위해 가축을 좁은 장소에 모아 기르는 축산 방식을 말한다. 비위생적인 사육환경, 영양제와 항생제가 들어간 사료 사용, 분뇨 대량 배출 따위의 문제가 있다.

어 내야 더 많은 돈을 벌기 때문에 동물복지를 생각하는 농장은 현실적으로 운영하기 어렵다는 것입니다. 우리가 육류를 더 소비할수록 동물의 삶은 복지에서 더 멀어진다는 것이죠.

공장식 축산은 축산업만의 문제는 아닙니다. 가축이 먹는 사료는 주로 옥수수, 대두인데 이는 브라질과 아르헨티나 등지에서는 아마존 우림을 파괴해 개간한 농장에서 경작합니다. 즉, 식재료로 기르는 동물의 수가 늘어날수록 사료가 많이 필요하고, 사료로 쓰이는 옥수수와 대두를 많이 경작할수록 아마존 삼림은 사라지게 됩니다.

우리가 소비하는 육류에는 많은 것들이 얽혀 있습니다. 결국엔 동물의 생명을 빼앗는다는 점에서는 같을지 모르겠지만 육류를 소비하되 동물들의 고통을 최소화하는 생활 환경, 인도적인 죽음 등을 위해서 동물복지는 오랜 시간이 걸리더라도 선택해야 할 일입니다. 또 잘 먹는 일에 대해 깊이 생각해야 합니다. 한 명의 완벽한 비건보다 100명의 불완전한 채식이 낫다는 말이 있습니다. 많은 사람이 자주 채식과 가까워질수록 동물복지는 실현될 것입니다.

공장식 축산으로 길러지는 닭과 돼지 ©뉴스퀘스트

동물과 눈을 마주하던 날

어느 5월 바다를 끼고 있는 남해의 한 펜션을 방문하였습니다. 펜션 뒷마당에는 닭을 키우고 있었습니다. 닭들은 신나게 뛰어다니며 흙을 쪼기도 하고 먹이가 있는지 연신 흙을 파기도 했습니다. 자유롭고 행복해 보이는 닭의 모습이었습니다. 주인 어르신이 닭을 한 번 잡아 보겠냐 했습니다. 둘째 아이와 나는 닭이 도망가지 않게 양 날개를 지그시 잡고 눌렀습니다. 처음으로 닭의 눈을 자세히 보게 되었습니다. 또르르 또르르 눈동자를 굴리는 닭과 마주하는 순간 여러 생각이 들었습니다. 닭이라는 이름보다 식재료로 쓰이는 이름인 '치킨'이 익숙했던 마음이 떠올라 순간 닭에게 미안했습니다. 팔꿈치를 가까이 당겨 아이의 눈을 보았습니다. 그때 아이의 콩콩거리는 심장이 느껴졌습니다. 하늘은 푸르며 햇살은 따뜻하고 낮은 파도 소리는 '치킨'을 있는 그대로의 '닭'이라고 생각되게 만드는 새로운 배경이 되었습니다. 그리고 생각하였습니다.

'더 이상 먹고 싶지 않아.'

공장식 축산으로 인한 환경오염 문제, 그리고 태어난 지 3개월이 채 되지 않아 치킨으로 삶을 마감하는 병아리에 대한 미안한 마음에서 비건을 시작하게 되었습니다.

자유로이 노는 닭과 모이를 주는 둘째 아이

열두 달 환경 일기

10월 1일은 생명과 환경보호의 의미를 담고 있는 세계 채식인의 날입니다. 식용 동물이 증가할수록 농장과 방대한 양의 사료용 곡물 생산으로 삼림이 파괴되고 있습니다. 또 공장식 축산으로 발생하는 온실가스의 증가 문제도 결코 작지 않습니다. 이러한 의미를 담아 비건 쿠키를 만들고, 환경 행사에 '어서 와 비건 쿠키는 처음이지?' 부스 운영을 위한 프로젝트를 해 봅니다.

어서 와, 비건 쿠키는 처음이지?

남수영

'비건 쿠키라구요? 쿠키를 좋아하는데 버터도 달걀도 안 들어간 쿠키라니. 상상만 해도 맛이 없을 것 같은 그림이 머릿속에 딱! 쿠키라 하면 아무래도 버터의 향이 느껴지고 반죽에는 달걀이 빠지면 안 되지 않나요?'

선생님은 책상 위에 오늘 만들어 볼 비건 쿠키의 재료를 하나둘 꺼내기 시작했다. 식물성 두유, 유기농 밀가루, 코코넛 오일, 마스코바도, 다크초콜릿 그리고 향을 낼 바닐라 에센스가 줄을 지었다. 잠깐 설명하자면 두유는 우유 대신, 코코넛 오일은 버터 대신, 국내산 유기농 밀가루는 탄소발자국이 높은 수입산 밀가루 대신, 설탕계의 현미라 불리는 마스코바도는 정제된 흰설탕 대신, 그리고 다크초콜릿은 우유가 들어간 밀크초콜릿 대신 사용하기 위해서였다.

선생님이 적어 온 레시피대로 반죽을 하고 동글동글 모양을 빚어 오븐

244

에 쿠키를 구워냈다. 교실을 한가득 채운 쿠키 향이 비건 쿠키에 대한 기대감을 높였다. 띵-, 15분이 다 돼 오븐이 꺼졌다. 오븐 문을 열자 쿠키는 픽-, 소리를 내며 가운데가 폭 꺼졌다. 조심조심 바구니에 쿠키를 옮겼다. 떨어져 나온 부스러기를 손가락 끝으로 꾹 찍어 맛보니 기대 이상이었다.

환경 공부를 시작하고 환경 활동을 한 후 선생님은 비건에 관한 이야기를 자주 하셨다. 우유의 진실, 달걀의 비밀 등. 언제나 선택은 나의 몫이지만 먹기 전에 한 번쯤은 생각해 보라는 이야기와 언젠가 우리가 육식보다는 채식을 더 좋아하는 날이 오길 바란다는 이야기였다.

11월 곧 있을 '창원시민 생태 한마당' 행사에서 우리 동아리는 환경 체험 부스로 비건 쿠키 만들기를 할 예정이다. 이름하여 '어서 와, 비건 쿠키는 처음이지?' 체험하러 오는 사람들이 비건 쿠키를 맛보며 내가 느낀 느낌을 꼭 느끼면 좋겠다. 동물성 재료를 사용하지 않아도 맛있는 쿠키가 만들어진다는 사실을. 우리는 그날 체험하러 오는 사람들에게 비건에 대해서도 알릴 예정이다. 그리고 동물복지에 대한 이야기도 함께 할 계획이다. 사람들이 알아야 불행하게 살다 고기로 인생을 마감하는 동물에 대해 한 번이라도 생각하게 될 것 같아서이다.

이번 프로젝트는 육식을 즐기는 나에겐 또 다른 용기가 필요하다. 새끼와 떨어진 채 다음 임신을 위해 좁은 스툴에서 자라는 돼지, A4 너비의 케이지에서 겨우 한 달 반 만에 '치킨'이 되어 버리는 닭, 종일 우유를 짜기 위해 내몰리는 젖소 등 나는 우리 부스를 방문하는 많은 사람에게 공장식 축산에 대한 이야기를 들려줄 것이다. 그리고 '조금 더 비건에 가까워지도록 노력해 보는 것은 어떨까요?'라며 그들에게 권해 보려 한다.

비건 쿠키 만들기 수업 모습   비건 쿠키 부스 운영 모습

햄도 없고, 달걀도 없는 인생 최초 비건 김밥   우규린

아침부터 엄마와 나의 손이 분주했다. 깻잎, 당근, 오이, 시금치, 단무지 등 오늘 비건 김밥에 들어갈 재료를 엄마와 함께 준비했다. 동물성 원료가 들어가지 않은 것들로 재료를 준비하자니 온통 야채 뿐이다. 원래 고기를 즐기지 않는 나로서는 대단히 반갑고 기대되는 비건 김밥 만들기 활동이었다.

채식의 단계에는 여러 가지가 있는데 그중 우리 모둠은 동물성 원료를 하나도 사용하지 않는 비건 베지테리언 단계를 선택했고, 어떤 모둠은 참치를 넣는 (생선은 먹는) 페스코 베지테리언, 또 어떤 모둠은 달걀은 넣는 오보 베지테리언을 선택했다.

김밥 만들기에 앞서 선생님은 기후위기 시대에 왜 채식이 더 필요한가에 대해 말씀하셨다. 우리가 우유를 많이 마시면 마실수록, 고기를 많이 먹을수록 지구가 뜨거워진다고 했다. 그건 바로 자주 소비하는 육류 생산을 위해 숲을 파괴해 농장을 만들고, 농장의 가축들에게 먹이를 제공하기 위해 또 숲을 파괴해 콩과 옥수수를 생산하기 때문이다. 숲을 파괴하는 것만으로도 이산화탄소의 흡수가 줄어드는데, 소가 많아질수록 방출하는 메탄가스는 늘어나 온실 효과가 심각해지기 때문이다.

내가 먹는 음식과 환경이 이렇게 연결되어 있다는 사실에 놀랐다. 화석 연료 사용을 줄이고 에너지를 절약하는 것도 중요하지만, 우리의 먹는 방식도 바꿀 필요가 있는 것이 분명하다. 결국 우리는 온실가스 배출을 줄이기 위해서라도 채식을 자주 해야 할 필요가 있는 것이다.

우리 집은 채식을 좋아하는 사람들이 많아 다행히 나는 다양한 채식 요리를 접한다. 사람들은 채식이라고 하면 온갖 풀들이 가득한 식탁만 생각하지만 그렇지 않다. 엄마는 가끔 두유를 넣은 파스타도 만들어 주시고, 느타리버섯을 넣은 샌드위치도 만들어주신다. 이렇게 맛있는 음식의 재료가 채소라면 믿기 힘들겠지만 사실이다.

채식을 하는 사람이 점점 늘어나면 고기를 먹을 일이 줄어들고, 그러면 숲을 파괴하는 일도 줄어들고, 온실가스 배출도 줄어드는 효과가 생긴다. 일주일에 하루, 그러다 하루에 한 끼 이런 식으로 채식을 늘려보는 걸 추천한다.

김밥을 만드는 우리의 손이 바빴다. 우리 모둠은 모두 야채만 가져왔는데 오이의 초록색과 당근의 오렌지색, 파프리카의 노랑, 빨강은 서로 잘 어울려 멋진 비건 김밥이 완성되

채소로 구성된 비건 김밥 재료

247

었다. 달걀과 햄이 없어도 맛있는 비건 김밥 레시피를 알게 되어 기쁘다. 친구들과 맛있게 나눠 먹고 한 통은 가족과 먹기 위해 남겼다. 다음에 집에서도 또 다른 재료로 비건 김밥을 만들어 볼 계획이다.

📖 함께 읽으면 좋은 환경 도서

선생님, 채식이 뭐예요?
박병상 글, 홍윤표 그림 (철수와영희)
어린이의 눈높이에서 환경을 지키기 위해 채식이 필요한 이유를 알려 준다.

이토록 불편한 고기
크리스토프 드뢰서 글, 노라 코에넨베르크 그림
(그레이트북스)
고기에 대한 새로운 시각을 제시하여 육식이 '선택'할 수 있는 대상임을 알려 준다.

Small Action Big Wave

🏛 **세계 채식인의 날 교실에서 아이들과 함께한다면**

◆ 채식 급식 메뉴 대회

① 우리 학교 채식 급식의 날이 있다면 언제인지 알아봅니다.

　　* 경상남도에는 교육청에서 실시하는 매월 하루 다채롭데이가 있습니다.
　　채식 급식이 실시되는 날입니다.

② 학교 급식으로 나오면 좋을 채식 급식 메뉴를 구상해 봅니다.

　　* 학교에서 채식 급식의 날에는 주로 비빔밥이 나옵니다. 나물이나 채소를 좋아
　　하지 않는 학생들은 남기기 일쑤입니다. 그래서 채식 급식을 위한 다양한 메뉴
　　가 필요하다고 생각했습니다.

③ 학급에서 채식 급식 메뉴 콘테스트를 열어 봅니다.

④ 선택된 채식 급식 메뉴를 급식실과 의논해 급식에 배식될 수 있도록
계획해 봅니다.

⑤ 채식을 조금 더 자주 실천할 수 있는 계획을 세워 실천해 봅니다.

　　* 예를 들면, 고기 없는 월요일, 최소 한 끼는 채소 한 끼 지키기 등이 있습니다.

◆ 비건 샌드위치 만들기

① 교실에서 함께 키울 수 있는 작물을 키워 봅니다.

　　* 시금치, 오이, 상추, 토마토 등 작물을 재배하는 데에 시간이 걸리지만, 교실에
　　서 내 먹거리를 내 손으로 키운다는 생태학습을 통해 환경에 대한 감수성도 함
　　께 기를 수 있습니다.

② 함께 키운 작물을 활용하여 비건 샌드위치를 만듭니다.

　　* 과카몰리, 바질페스토 등 소스도 비건으로 준비하면 좋아요.

③ 키운 작물로 비건 샌드위치를 만든 경험을 그림과 글로 남겨 봅니다.

④ 평소에도 육류가 들어간 샌드위치나 햄버거보다 비건 샌드위치나 햄버거를 조금 더 자주 선택할 수 있도록 격려해 주세요.

동물성 식재료가 들어가지 않은 비건 샌드위치

🏠 세계 채식인의 날 가정에서 아이와 함께한다면

◆비건 김밥 만들기

① 아이와 함께 김밥 재료를 사옵니다.

② 아이가 좋아하는 채소 위주로 구입합니다.

　* 야채를 먹을 때 좋은 점을 이야기해 주세요.

③ 햄이나 베이컨, 달걀 등 육류를 넣지 않는 이유에 대해 간단하게 설명합니다.

　* 두려움이나 거부감이 생기지 않도록 순화된 단어를 사용해서 설명해 주세요.

④ 아이와 함께 다양한 색깔의 채소를 준비하여 김밥을 만듭니다.

⑤ 햄이 들어가지 않은 김밥을 먹은 아이의 느낌을 물어봅니다.

　* 더 자주, 새로운 재료로 비건 김밥을 만들어 주세요.

채소를 주재료로 한 비건 김밥 만들기

◆직접 키운 작물로 비건 김밥 만들기

① 주택 마당이나 아파트 베란다에서 키울 수 있는 작물을 선택합니다.

  * 바질, 오이, 호박, 토마토, 부추 등이 있습니다.

② 작물을 함께 키우며 식물을 사랑하는 마음과 함께 생태감수성을
  키웁니다.

③ 잘 자란 작물을 이용해 꼬마김밥을 만들어 봅니다.

  * 꼬마김밥은 한두 가지의 재료만으로도 맛있게 완성됩니다.

④ 아이가 직접 키운 작물로 김밥을 만든 신비로운 경험에 대해 칭찬해
  주세요.

  * 어떠한 육류 없이도 맛있는 꼬마 김밥을 먹을 수 있음에 함께 감사해 보세요. 이렇
    게 횟수를 점점 늘리다 보면 어느새 '최소 한 끼, 채소 한 끼'를 실천하게 될 거예요.

16

지구를 지키는 소비

📅 아무것도 사지 않는 날 11월 마지막 금요일

'옷을 위한 지구는 없다'*

옷장을 열어봅니다. 옷장 가득 빼곡히 걸린 옷을 뒤적거리며 '마땅히 입을 옷이 없네.'라고 합니다. 저뿐만이 아니겠지요? 작년에는 뭘 입었더라 생각하며 이 옷, 저 옷 거울을 비춰 보면 하나같이 유행이 지난 것 같아 입고 싶지 않습니다. 그러면 핸드폰을 켜 쇼핑사이트로 들어갑니다. 나에게 꼭 맞는 옷을 굳이 가게에 가서 입어보지 않아도 살 수 있는 것만으로도 훌륭한데 AI 인공지능이 나에게 어울리는 옷을 추천까지 해줍니다. 구매까지 모든 것이 5분도 안 되어 다 끝납니다. 옷이 도착하면 옷을 더 넣기에도 빡빡한 옷장에 기어이 욱여넣습니다.

이렇게 계절이 바뀔 때마다 더 못 입을 것 같은 옷이 산더미입니다. 그중에는 한 번도 입지 않은 옷도 있습니다. 우리는 이렇게 소비를 쉽게 할 수 있는 시대에 살고 있습니다. 그래서인지 우리나라는 헌 옷 수출국 5위

---

* KBS 환경스페셜로 방영된 다큐멘터리 영상.

입니다. 세계지도를 펼쳐 놓고 보세요. 우리나라가 얼마나 작은지. 그런데 헌 옷 수출국 5위라니요. 울트라급 패스트패션 시대에 살고 있다는 사실이 현실로 다가옵니다.

KBS 환경스페셜 〈옷을 위한 지구는 없다〉는 우리가 '상식'으로 알고 있던 것이 사실이 아님을 보여줍니다. 우리는 종종 '누군가 필요한 사람이 가져가서 입겠지'라고 생각하며 마치 배려와 나눔의 마음으로 헌 옷 수거함에 넣습니다. 그런데 헌 옷 수거함으로 들어간 옷은 아주 소량만 빈티지 샵으로 되팔려가고 나머지 옷들은 지구 반대편으로 날아가 지구를 파괴하는 일에 동원됩니다. 즉, 재활용될 것이라 생각했던 옷들 대부분이 벌크로 포장돼 다른 나라로 팔려 가는 것입니다.

속이 보이지 않게 검정 비닐로 포장된 옷들이 방글라데시 등 우리보다 경제적 수준이 낮은 나라로 팔려 갑니다. 일정 금액을 내고 한 봉투를 받아 열면 갖가지 옷들이 쏟아져 나옵니다. 때로는 여러 번 입었을 만한 속옷, 허리 고무가 완전히 늘어난 바지 등이 섞여 나옵니다. 그러면 몇 개만 건지고 나머지는 마을 강가 등지에 버립니다. 이렇게 한 마을에 옷 쓰레기 산이 생겼습니다.

헌 옷 수거함에 옷을 넣으며 나의 죄책감을 덜어내려 했던 행동이 부끄러웠던 순간이었습니다. '저렴한 옷 사서 한 계절 입고 버리면 되지.'라고 안일하게 생각했던 저를 반성했습니다. 내가 편하게, 쉽게 사 입었던 티셔츠 한 장은 실은 어마어마한 자원을 필요로 하며, 만드는 과정에서 엄청난 자연 파괴를 일으키고 있었습니다. 내 눈에 보이지 않는다고 별 생각 없이 사고 버렸던 옷이 어디에선가는 자연을 파괴하고 있었다는 건 상당히 충격이었습니다.

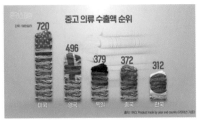

헌 옷 수출국 세계5위 대한민국

과잉 소비가 불러온 환경 파괴 모습   ©KBS환경스페셜

사람들은 생각보다 많은 양의 옷을 생산하고 소비합니다. 소비의 끝은 폐기라는 사실은 생각하지 않은 채요. 대량생산, 광고, 소비, 짧은 소비 기간, 그리고 폐기물의 꾸준한 증가가 가져온 결과라 하겠습니다. 그런데 헌 옷의 대다수가 도착하는 종착지인 가나, 말레이시아 등 개발도상 국가들은 이 많은 옷 쓰레기를 처리할 기술을 가지고 있지 않습니다.

게다가 대부분의 옷은 페트병과 같은 플라스틱 재료가 들어간 합성섬유입니다. 합성섬유는 만드는 과정에서도 미세플라스틱이 많이 배출되는데, 이는 결국 사람이 마시는 물로 되돌아옵니다. 생산비용을 낮추기 위해 인건비가 낮은 개발도상국에서 대량으로 생산되고, 폐기도 이들 나라에 떠넘기면 그 나라의 환경과 보건위생은 더 망가집니다. 다른 나라의 물, 공기, 바다, 동물을 파괴하며 내가 입는 옷. 패스트패션에 대해 한 번쯤은 생각해 봐야 하지 않을까요?

블랙 프라이데이 말고 그린 프라이데이

갖고 싶은 물건과 필요한 물건에는 어떤 차이가 있을까요? 높은 할인율로 소비자의 마음을 들뜨게 하는 '블랙 프라이데이'. 블랙 프라이데이는 미국의 추수감사절 다음 날인 매년 11월 넷째 주 금요일입니다. 하지만 지금 블랙 프라이데이는 미국을 넘어 전 세계적으로 퍼져 글로벌 쇼핑 데이가 되었습니다. 대형 슈퍼마켓은 물론이고 온라인 상점까지 할인율을 대폭 늘려 대대적으로 판매에 나섭니다.

블랙 프라이데이가 나쁘다는 것이 아닙니다. 꼭 필요했던 물건을 저렴하게 구입할 수 있다면 좋은 일입니다. 하지만 블랙 프라이데이에 소비자들은 꼭 필요하지 않지만, 소비를 부르는 할인 유혹에 꼼짝없이 지갑을 열고 맙니다. '저렴할 때 쟁여둬야지', '사 놓고 필요할 때 써야지' 하면서요. 장기 불황 속 경제를 살리는 블랙 프라이데이지만, 동시에 쓰레기로 지구가 몸살을 앓는 날이 되었습니다.

이런 대대적인 쇼핑의 날을 비판하며 생긴 날이 '아무것도 사지 않는 날'입니다. 1992년 캐나다에서 시작되었죠. 소비지상주의에서 벗어나자는 의미로 블랙 프라이데이와 같은 날 지정되었습니다. 물론 하루 소비의 멈춤으로 개개인의 소비패턴이 바뀐다고 할 수는 없겠지요. 하지만 하루라도 소비를 멈추고 불필요한 소비 경험에 대해 돌이켜 보는 것만으로도, 앞으로의 소비 습관을 조금 더 현명하게 만들 수 있을 거예요. 여기서 더 나아가 내가 가진 물건들이 윤리적으로 생산되었는지, 폐기 과정이 투명한지 생각해 보면 어떨까요?

집 안 곳곳에 쓰지 않는 물건, 언젠가는 사용할 수도 있는 물건, 괜히

산 물건들이 쌓여 있을 것입니다. 이 모든 물건은 소중한 자원으로 탄생했으며 생산되어 이동하고 판매되기까지의 과정에 무수히 많은 양의 탄소발자국을 남겼을 것입니다. 11월 넷째 주 금요일, 셀프 캠페인이라도 벌여 보는 것은 어떨까요? 24시간 동안 어떤 물건도 사지 않는 날로요. 물론 쇼핑을 다음 날로 미루라는 뜻이 아닙니다. 환경과 사회에 미치는 영향을 고려하며 상품을 구매, 소비하는 지속가능한 소비에 대해 생각해 보길 바랍니다.

제로웨이스트의 매력

분리배출 날이 되면 쓰레기의 무거운 존재감이 고스란히 그 무게로 전해집니다. '아, 이건 사지 말걸.' 또는 '그래, 이건 어쩔 수 없었어.'라며 혼잣말을 내뱉으면서 분리수거장으로 가서 배출합니다. 그중 가장 마음에 걸리는 쓰레기가 밀키트였습니다. 바쁘다는 핑계로 반조리 식품을 몇 번 구매한 적이 있는데 하나하나 비닐 또는 플라스틱 통에 포장된 것을 보며 다시는 사지 말자고 여러 번 다짐했었습니다. 먹거리에서 발생하는 쓰레기가 생각보다 많았습니다.

약 3년 전부터 제로웨이스트에 관심이 생겼고 어렵지 않게 생활 습관을 바꿀 수 있어 제로웨이스트 라이프를 지속하는 일을 하고 있습니다. 일회용 컵에 음료를 받지 않는 습관은 2년이 넘었고, 세제 역시 리필하여 사용하고, 샴푸나 린스는 비누 같은 고체 형태의 것을 사용하는 등 마음의 무거움을 덜어내는 것이 제법 익숙해졌습니다. 가장 큰 변화는 가방

속 물티슈가 사라지고 손수건을 두세 개 챙기는 일입니다. 처음에는 물티슈 없는 외출이 불편했지만, 손수건의 매력과 비교하면 후자가 더 낫다는 결론을 내렸습니다.

제로웨이스터의 삶을 살려면 수고로움과 귀찮음은 기본값으로 생각해야 합니다. 외출 시 텀블러와 장바구니를 꼭 챙겨야 하며, 가끔 간식을 구매하는 날에는 반찬 그릇도 필요합니다. 잠깐의 귀찮음은 쓰레기를 남기지 않고, 쓰레기량을 줄일 수 있는 행복을 가져오지요. 물론 누구나 시작할 수 있지만 아무나 꾸준히 지속하기는 조금 어렵기도 합니다. 가끔 시도했다가 벅차 포기하는 주변 사람을 본 적도 있습니다. 저는 이렇게 말하고 싶습니다. 딱 즐거울 만큼만, 할 수 있는 만큼만 하자고요. 양손의 무거움보다 마음의 가벼움이 차지하는 부분이 훨씬 크기 때문에 저는 오늘도 제로웨이스터로 살고 있습니다.

착한 소비, 리필스테이션

지속가능한 소비, 올바른 소비, 착한 소비에 대해서 꽤 오랜 시간 고민했습니다. 물건을 소비하는 일은 쓰레기를 남기는 일과 관계가 있기 때문입니다. 반드시 필요한 물건을 소비하는 일이 잘못된 일은 아니지만, 만약 할 수만 있다면 지구에게 무해한 방식으로 소비하고 싶었습니다. 그 생각만으로 시작한 소비 습관이 바로 리필스테이션을 이용하는 것입니다.

이 소비 습관은 제주의 '지구별 가게'라는 곳에서 시작되었습니다. 상점에는 다양한 제로웨이스트 물건이 진열되어 있었습니다. 소창행주, 삼베

나 코코넛열매 껍질로 만든 수세미, 실리콘빨대, 샴푸바, 다회용 랩, 면 생리대 등 사용 후에 썩어 없어지는 물건들이었습니다. 특히 소창천을 떼어 와 가게에서 물건을 제작, 판매하는 점이 인상 깊었습니다.

그리고 상점 한쪽에 리필스테이션도 있었습니다. 여러 종류의 세제와 목욕용품, 곡류가 갖추어져 있었습니다. 다 쓴 세제 통에 필요한 만큼만 덜어 사면 되는 방식으로, 가격도 저렴하지만, 세제 통 쓰레기를 배출하지 않는다는 점이 정말 매력적이었습니다.

부산의 '천연제작소'에서는 곡물 리필스테이션을 경험할 수 있었습니다. 현미, 조, 검은쌀, 여러 종류의 콩 등 다양한 곡식이 있어, 천 주머니에 원하는 만큼을 담아 사는 것입니다. 슈퍼마켓에서는 곡류가 지퍼백 형태의 비닐에 들어 있는 것이 대부분인데, 천 형겊을 보니 왠지 더 정감이 가고 건강에도 좋을 것 같았습니다. 리필스테이션, 너무 매력적이지만 아쉬운 것이 하나 있다면 이런 곳이 드물게 있어 찾아서 다녀야 한다는 것이죠. 이런 착한 가게가 근거리에 있다면 얼마나 좋을까요?

그래서 리필스테이션을 학교에 옮겨 와 아이들에게 최소한의 소비와 착한 소비를 경험하게 하고 싶었습니다. 얼마 후 학교에서 리필스테이션 체험 행사를 벌였습니다. 리필용 세제를 구입해 진열하고, 학생들에게 리필스테이션에 대해 안내했습니다. 일회용 포장용기(PS재질)를 모아 오면 세제를 리필해 준다고요. 전교생 아이들이 급식 후에 간식으로 나오는 요구르트 통을 모으기 시작했습니다. 아이스크림 스푼이랑 요플레 통까지 가득 가져왔습니다. 그리고 집에서 다 쓴 세제용기를 가져와 원하는 친환경세제를 담아 갔습니다. 일반적으로 세제를 구매하는 것은 부모님의 몫이지만 이러한 경험을 통해 친환경 소비에 대해 말하고 싶었습니다.

주변에서 세제를 리필해 판매하는 곳이 있다는 소식이 들리면 반갑습니다. 이런 착한 소비문화가 정착하기까지 오랜 시간이 걸리겠지만, 탈플라스틱에 한 발짝 더 다가갈 수 있도록 정부 차원에서도 리필스테이션을 늘려나가길 바라는 마음입니다.

지구별 가게와 세제 리필스테이션　　　천연제작소의 곡물 리필스테이션

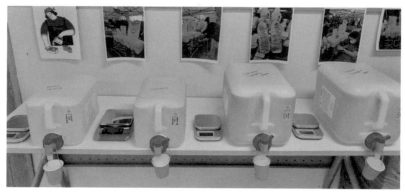

교실 앞에 차린 세제 리필스테이션

11월 마지막 금요일은 아무것도 사지 않는 날입니다. 과잉 소비가 일상화된 요즘, 불필요한 소비를 줄이는 것이 지구 환경을 조금이라도 나아지게 하는 데에 도움이 됩니다. 만약 물건을 사야 한다면 가능한 쓰레기를 남기지 않는 방식이 필요합니다. 아이들과 교실에서 각자 더 이상 사용하지 않는 물건을 서로 교환해서 쓰는 행사를 벌이고, 제로웨이스트숍을 체험해 봅니다.

11월 마지막 금요일, '아무것도 사지 않는 날'을 준비하며

이지윤

11월 넷째 주 금요일, '아무것도 사지 않는 날'을 위해 헌 옷 주인 찾아주기 프로젝트를 구상했다. 1차 안내가 나가자 전교에 있는 아이들이 종이가방 두둑이 옷을 가져왔다. 헌 옷을 돌려 입는다는 의미는 입을 수 있는 옷을 가져오라는 뜻이었는데 종이가방들을 쏟아보니 전혀 입을 수 없는 폐기 직전의 옷들도 들어 있었다. 얼마 전 선생님과 보았던 〈옷을 위한 지구는 없다〉의 한 장면이 떠올랐다. 헌 옷 수거함에 들어 있던 다시는 입을 수 없는 옷들. 그래서 누구도 돌려 입지 못할 것 같은 옷들은 따로 담아 두고 포스터에 한 문구를 더 넣어 다시 게시했다.

'헌 옷이지만 나도 입을 수 있는 옷'

그리고 청바지는 따로 모았다. 청바지 한 개를 만드는데 탄소배출량이

제로웨이스트를 위한 플리마켓 행사 모습　　ECO LIFE STYLE FAIR의 알뜰장터 운영 모습

무려 33㎏, 이는 자동차가 11㎞를 달렸을 때 배출하는 탄소의 양과 같았다. 옷을 만드는 데 이렇게 많은 탄소가 배출된다고? 1년에 만들어지는 청바지가 40억 벌이 넘는데 그럼 도대체 얼마나 많은 탄소가 배출된다는 말이지?

쉽게 만들어지고 싸게 팔리는 게 좋은 게 아니라는 생각이 들었다. 청바지는 질기도 튼튼해서 그런지 헌 옷으로 들어온 청바지는 새것처럼 멀쩡한 것들이 많았다.

'나는 입지 않지만 필요한 사람이 가져감으로써 소비를 줄이는 것'

선생님은 우리 모두의 소비 방식이 바뀌어야 한다고 하셨다. 결국, 뭐든 사지 않는 것이 지속가능한 환경보호 방법이라는 말을 힘주어 하셨다. 패스트패션 말고 슬로우 패션으로, 환경을 파괴하지 않고 생산된 기업의 옷을 입고, 고쳐 입고, 오래도록 입는 것으로 말이다.

그렇게 모인 옷을 챙겨 환경박람회에 참여했다. 이번에 우리 동아리에서 부스를 맡아 운영하게 되었고 우리는 체험부스로 '밀랍랩'을 만들 수 있는 체험의 장을 열었다. 그리고 '헌 옷 돌려 입기 장'도 열었다. 가끔 '아, 나 이거 진짜 필요했는데.'라고 말하는 고객을 만나면 그렇게 기쁠 수가 없었다.

주변에서 '아름다운 가게'를 찾기도 참 어려운데, 나는 필요 없지만 다

른 사람에게는 필요한 물건들을 나누고 돌려쓰는 문화가 많이 생기면 좋
겠다고 생각했다. 새 물건을 살 때는 세 번 생각하라고 했던 선생님 말씀
을 오래도록 기억하고 싶다.

지금부터라도 제로웨이스터 정아람

처음으로 제로웨이스트샵을 방문했다. 여기를 방문하기 전 선생님은 가
루세제 리필을 경험해 볼 테니 집에서 빈 용기를 챙겨 오라고 했다. 선생
님에게서 배운 '제로웨이스트'는 매력 있어 보였다. 불필요한 일회용품을
하나씩 덜어내고 사소한 것부터 실천하는 친환경 라이프니까. 굳이 무언
가를 사야 한다면 환경에 무해하고 쓰레기를 남기지 않는 제로웨이스트
물건을 구입해야 하는 당위성에 대해 선생님은 여러 번 이야기하셨다.

샵을 방문하기 전 선생님은 교실에서 다양한 제로웨이스트 물건을 보
여주셨다. 그중 가장 매력적인 게 비누바였다. 샴푸바, 린스바, 설거지
바. 평소 내가 사용하는 욕실세제는 천연성분이라 적혀 있어도 소량 함유
되어 있을 뿐 100% 천연성분이 아니었다. 그 말은 나의 피부에도 물 환
경에도 좋지 않다는 말이다. 하지만 천연비누바는 재료에서부터 생산과
정까지 저탄소 공정으로 이루어진다.

샵에는 수세미로 만든 친환경수세미, 일회용이 아닌 다회용 실리콘 빨
대, 다양한 비누바, 소창 손수건, 코코넛열매로 만든 솔, 대나무 칫솔, 고
체치약, 생분해 치실, 면생리대, 생리대 컵 등 태어나서 처음 보는 물건
들이 정말 많았다. 가장 사고 싶던 비누바를 바구니에 담고, 가져온 빈

용기에 가루세제를 담았다. 베이킹소다, 과탄산소다. 구연산, 세스퀴소다 등 세제도 다양했다. 게다가 용기를 가져가 담으니 가격도 아주 저렴했다. 그동안 친환경도 아닌 세제를 구입하면서 플라스틱 용기값도 지불했겠구나 하는 생각이 들었다.

선생님이 늘 말하는 지속가능한 소비 방식에서 가능한 한 물건을 소비하지 않는 것이 좋지만 꼭 필요한 물건을 사야 한다면 지구에게 무해하고 생산과정에서 탄소배출을 적게 하는, 그리고 생분해 폐기까지 이어지는 제로웨이스트, 쓰레기를 남기지 않는 소비 방식이 옳다는 생각이 들었다.

그리고 며칠 뒤 학교 복도에 제로웨이스트 팝업샵을 열었다. 예상보다 아주 많은 친구들, 저학년들까지 관심을 보였고 지구에 무해한 제로웨이스트에 대해 열심히 설명을 해주었다.

만약 제로웨이스트를 모르고 친환경 물건에 대해 몰랐더라면 여전히 쓰레기를 많이 남겨 환경을 파괴하는 소비를 이어갔을지 모른다. 일회용품을 쓰면서 지구의 파괴를 걱정하던 모습에서 벗어나 작은 것에서부터 하나씩 실천하다 보면 언젠가는 내 삶 통째로 제로웨이스트에 가까운 삶이 되지 않을까? 완벽하지는 않아도 즐겁게 하나씩 제로웨이스트를 실천하는 사람이 되고 싶다는 다짐을 하게 되었다.

제로웨이스트샵에서 가루세제 리필하기

교실 앞에 차려진 제로웨이스트 홍보 팝업스토어

Small Action Big Wave

🏫 **아무것도 사지 않는 날 교실에서 아이들과 함께한다면**

◆교실에서 플리마켓 열기

① 아무것도 사지 않는 날의 의미에 대해 알아봅니다.

② 교실에서 친구들끼리 바꾸어 쓸 수 있는, 또는 나눠 쓸 수 있는 물건에 대해 미리 생각해 봅니다.

③ 교실에서 각각 아이들이 돗자리를 펴고 자신의 물건을 늘어놓습니다.

④ 물건에 대한 정보를 적고 물건이 필요한 손님을 기다립니다.

⑤ 나에겐 필요 없지만 다른 누군가에겐 필요한 물건임을 알아갑니다.

◆전교생을 대상으로 '학교 옷장' 열기

① 한 달 정도의 시간을 두고 '학교 옷장' 이벤트를 계획합니다.

② 전교 학생과 각 가정을 대상으로 헌 옷을 수거하는 안내장과 포스터를 발송합니다.

③ 약 2주의 기간 동안 헌 옷을 모아 동아리 친구들과 분류합니다.

   * 예를 들면, 한 번도 입지 않은 옷, 또는 낡은 옷 등 기준에 맞게 분류합니다.

④ 행거 또는 옷걸이를 준비하여 옷을 깨끗하게 전시합니다.

⑤ 학년별로 '학교 옷장'에 초대하여 꼭 필요한 옷을 나눕니다.

⑥ 헌 옷을 가져갈 때는 감사의 말, '학교 옷장' 이용에 대한 간단한 느낌을 적게 합니다.

   * 학용품 등 물건을 추가해도 좋습니다.

🏠 아무것도 사지 않는 날 가정에서 아이와 함께한다면

◆ 제로웨이스트 샵 또는 리필스테이션 체험하기

① 쓰레기를 남기지 않고 환경을 파괴하지 않는 제로웨이스트, 리필스테이션에 대해 알아봅니다.

② 집 근처에 제로웨이스트샵이 있다면 아이와 함께 방문을 하면 좋습니다.
   * 대개 제로웨이스트샵에는 리필스테이션 공간이 마련되어 있습니다.

③ 제로웨이스트 물건을 소비해야 하는 이유에 대해 아이에게 알려 주고 다음에 왔을 때 사야 할 물건 리스트도 작성해 봅니다.

④ 우리 집에서 쓰레기를 많이 남기는 밀키트나 과대포장 물건 등 꼭 사지 않아도 되는 물건을 아이와 함께 알아봅니다.

⑤ 가정에서 아이와 함께 분리배출을 하며 매일 발생하는 쓰레기를 적어 봅니다.
   * 일주일 정도의 기간을 정해 정리해 보면 자주 발생하는 쓰레기의 종류를 알 수 있습니다.

교실 플리마켓 준비 모습

공유 옷장을 준비하는 모습

◆ 헌 옷 정리하기

① 아이와 함께 아이 옷장을 정리합니다.

② 계절이 지난 옷을 정리하며 작아서 입지 못하는 옷, 또는 낡아서 입지 못하는 옷을 따로 정리합니다.

③ 작아서 입지 못하는 옷은 집 근처 '아름다운 가게' 또는 '당근마켓'에 되팔 수 있도록 준비해 봅니다.

④ 꼭 필요한 사람이 옷을 가져가서 쉽게 사용할 수 있도록 깨끗하게 정리합니다.

⑤ 한 번 산 옷은 더이상 입지 않는다고 바로 폐기하는 것이 아니라 누군가에게 물려주거나 필요한 사람에게 나누어 줄 수 있는 소중한 자원임을 알려 줍니다.

⑥ 옷을 만드는 데는 물 발자국, 탄소발자국을 남긴다는 사실을 알게 하고 윤리적으로 생산된 옷을 소비할 필요가 있음도 알려 줍니다.

📖 함께 읽으면 좋은 환경 도서

미미의 스웨터
정해영 글 · 그림 (논장)

똑똑한 옷 소비에 관한 이야기이다. 착한 소비에 대해
생각하게 한다.

지구를 살리는 옷장
박진영, 신하나 글 (창비)

지속가능한 패션을 위해 우리가 쉽게 따라 할 수 있는
구체적인 제안을 하고 있다.

알아두면 좋은 환경 이야기

잠들어 있는 옷을 위한 파티

지속가능한 의생활 문화를 연구하는 연구소가 있습니다. 비영리 스타트업 '다시입다연구소'. 이 연구소에서는 주기적으로 '21% party'를 계획해 주인을 잃은 옷의 주인을 찾아주는 파티를 열고 있습니다. 왜 21%냐고요? 조사한 바에 따르면 옷장 속에 넣어두고 입지 않는 옷의 비율이 평균적으로 21%이기 때문입니다. 구매했지만 입지 않는 새 옷, 몇 번 입긴 했지만, 유행이 지나 더 이상 입지 못하는 옷 등 옷장에 고스란히 쌓여 의류의 구실을 하지 못하는 잠들어 있는 옷의 주인을 새로 찾아주고 옷에 생명력을 불어넣는 일을 하고 있습니다.

21% party의 가장 큰 특징은 1:1 물물교환이에요. 21% party에 나온 옷에는 사연이 붙습니다. 파티에 전시될 옷에는 짤막한 언제 이 옷을 구매했는지, 몇 번 정도 입었는지, 왜 더 이상 입지 않게 되었는지 등 짧은 이야기를 담아 안녕을 고합니다.

'다시입다연구소'의 21% party 홍보 포스터

또 매력 있는 특징 하나는 헌 옷을 교환하는 것뿐만 아니라 옷을 그 자리에서 수선해서 입을 수 있다는 점입니다. 그리고 새 옷이 만들어지는 과정에서 버려지는 천 조각들을 모아 앞치마를 만드는 체험도 할 수 있습니다.

왜 다시입다연구소는 이런 일을 자처해서 하는 것일까요? 무분별하게 버려지는 자원의 낭비와 환경오염을 줄이는 것은 물론, 패션 기업들이 재고 의류를 폐기하는 것에 반기를 들었기 때문입니다.

팔리지도 않은 옷이 그냥 폐기된다니, 왜 그럴까요? 단지 자사 브랜드의 가치를 떨어뜨리지 않기 위해서입니다. 그저 회사 이미지 때문에 팔리지도 않은 옷을 폐기한다는 것입니다. 패션업계가 발생시키는 온실가스는 전 세계 선박이 운행하면서 내뿜는 온실가스보다 훨씬 많습니다. 정말 믿기 어려운 사실입니다.

프랑스는 2020년에 세계 최초로 의류, 신발, 화장품 등 팔리지 않는 것을 폐기하지 않도록 법으로 제정했습니다. 우리나라는 어떨까요? 국내 상위 7위에 드는 패션기업에 물었습니다. 그중 4개의 기업은 소각하며, 단 한 기업만 소각하지 않는다고 밝혔습니다.

다시입다연구소는 지속가능한 의생활을 위해 21% party는 계속될 것이라고 말합니다. 여러분들도 언젠가 21% party에서 소중한 옷을 만나보길 바랍니다.

17

인간과 생물 모두를 위한 지구

📅 야생동물 보호의 날 12월 4일

루왁커피, 사향고양이의 눈물

루왁커피를 일부러 찾아 마시지는 않지만 동남아시아를 여행하고 돌아온 친구들에게 선물로 받아 마셔본 적이 있습니다. 발리에 있을 때 현지 친구는 인근에 오리지널 루왁커피 농장이 있다며 가자고 제안하였고, 저는 고민 없이 농장으로 향했습니다.

그곳은 루왁커피 제조 과정을 직접 눈으로 볼 수 있고 그 자리에서 갓 볶아낸 커피콩으로 내린 신선한 커피를 맛볼 수 있는 체험 농장이었습니다. 커피농장답게 커피나무들이 줄줄이 서 있고, 아직 푸릇한 열매도 보이고, 빨갛게 익은 것도 보였습니다. 그러다 한 곳에 수북이 쌓인 커피콩을 보았습니다. 친구에게 물으니 그게 바로 고양이 똥 커피라고 했습니다. 순간 이 많은 커피똥을 싸려면 도대체 얼마나 많은 사향고양이가 필요한 걸까? 하는 생각이 머리를 스쳤습니다.

얼마 안 가 사향고양이로 보이는 동물이 철장에 기대앉아 있는 모습이 보였습니다. 한눈에 보기에도 힘없이 앉아 있는, 그저 동그란 눈으로 애

처로이 바라보는 모습이 안타까워 마음이 아팠습니다. 철장 밖으로는 배설물처럼 보이는 커피콩들이 있었습니다. 그리고 내 눈앞에는 방금 볶은 신선한 커피콩으로 내린 향긋한 루왁커피가 테이블에 잘 차려져 있었습니다. 어쩐지 나는 커피를 마실 수가 없었습니다. 우리나라에서 사 먹는 커피보다 가격이 싼 것도 마음에 들지 않았습니다. 사향고양이의 고통과 아픔이 느껴져 커피를 마시지 못했습니다. 다른 농장에 비해 여기가 더 싸다며 선물로 사갈 것을 제안했지만 나는 단 한 박스도 살 수 없었습니다. 이런 모습을 보게 될 줄 알았다면 오지 말았을 걸 하는 후회의 마음이 들었습니다. 지금 생각해 보니 어쩌면 그 사향 고향이의 모습을 보았던 게 지금 더 이상 루왁커피를 마시지 않을 수 있는 선택을 하게 한 것 같아 다행이라는 생각이 들기도 합니다.

사람들은 루왁이 커피의 한 종류인 줄로만 알고 있지만, 사실을 그렇지 않습니다. '루왁'은 어떤 지명의 이름도 커피의 이름도 아닌 사향고양잇과 동물을 인도네시아에서 지칭하는 이름입니다. 사향고양이는 베트남, 태국, 인도네시아 등 동남아시아에 서식하는 야생동물입니다. 주로 어두울 때만 활동하는 사향고양이는 과일이나 커피 열매를 따 먹고 배설을 하는데, 여기서 나온 커피콩으로 만든 것이 바로 루왁커피입니다.

네덜란드의 식민지였던 인도네시아는 네덜란드인들이 운영하는 커피 농장에서 일을 했는데 가난한 인도네시아인들은 그 비싼 커피를 맛보지 못하고 사향고양이의 배설물에서 나온 커피 열매를 볶아 커피를 마셨죠. 독특한 향이 네덜란드인에게까지 소문이 나 루왁커피가 인기를 얻게 됩니다. 바빠진 인도네시아인들은 사향고향이를 따라다니며 배설물을 채취하기 시작했고 그러다 사향고향이를 잡아들이는 방식을 선택했습니다.

루왁커피의 수요가 늘어나자 사향고향이를 잡아들이는 케이지 수가 늘어 났고 수요를 감당하기 위해 커피열매만 억지로 먹이기 시작했습니다.

여전히 루왁커피 농장은 여행객들의 방문지로 손꼽히고 있고 사람들은 철장에 갇힌 사향고향이를 구경하고 루왁커피를 사 옵니다. 사향고양이의 행복과 맞바꾼 루왁커피. 그 과정을 알고도 계속해서 루왁커피를 추구한다면 과연 그들의 커피 문화가 향기롭다고 할 수 있을까요?

그다음 발리 여행에서 또 한 번 현지 친구로부터 루왁커피 농장을 방문하겠냐는 제안을 받았습니다. 물론 단번에 "No."라고 대답했습니다. 그리고 사향고양이의 고통과 맞바꾼 커피를 더 이상 마시지 않노라 답했습니다. 그리고 마음속으로 발리에 있는 모든 루왁커피 농장이 사라졌으면 좋겠다는 말을 이었습니다. 누군가의 생명을 파괴하고 고통을 일삼으며 즐기는 '문화'는 하루빨리 사라져야 합니다.

동물이 행복하지 않은 동물원

'지하에 갇힌 백사자', '햇볕 없는 동물원'

영남권 최초의 백사자라고 적힌 유리 칸 안에 암수 두 마리가 있습니다. (중략) 암사자나 앉아 있는 수사자, 활동이 거의 없습니다. 하이에나는 좋아하는 흙 대신 토사물이 묻은 콘크리트 바닥을 비비고 있고, 서벌캣은 우리 안을 연이어 돌고 있습니다. 이곳 동물원 운영자는 대구에서 운영한 다른 동물원에서, 동물을 방치하고 학대한 혐의로 최근 검찰에 기소됐습니다. 특히 병든 낙타를 제대로 치료하지 않았다가

결국 숨지자, 사체를 호랑이 등에게 먹이로 준 사실이 알려져 충격을 주기도 했습니다.

MBC뉴스, 2022.5.13.

뉴스에서 나온 이 동물원은 2017년 일부 동물은 만져도 보고, 먹이를 줄 수 있는 체험형 실내 동물원으로 문을 열었습니다. 실내 체험형 동물원이다 보니 야행성을 지닌 동물들의 습성을 전혀 고려하지 않은 채 환한 빛에 노출한 모습이 뉴스를 통해 보여졌습니다. 두 날개로 힘차게 날아올라야 하는 큰 앵무새도 낮은 천장에서는 날갯짓할 수 없습니다. 뱀을 비롯한 파충류는 축축한 흙이 아니라 콘크리트 바닥을 기어 다녔고, 거위 한 마리는 쉬지 않고 울어댔습니다. 동물들이 본능적으로 할 수 있는 그 어떤 행동도 할 수 없는 동물원이었습니다. 달려야 하는 동물이 달릴 수 없고, 날아야 하는 동물이 날 수 없고 땅을 파고 흙에 몸을 굴려야 하는 동물이 흙냄새를 맡을 수 없는 동물원. 과연 동물원은 누구를 위한 장소일까요?

동물원은 세계 각지의 살아있는 동물을 수집하여 동물을 보호하고 사육, 번식에 대해 연구하는 곳으로, 관람을 통하여 사람들에게 동물에 대한 지식과 애호정신을 기르게 하는 사회교육 시설이라고 했습니다. 그래서 대부분의 사람들은 동물을 좋아하고 귀여운 모습을 가까이에서 보고 싶어 동물원에 갑니다. 또 아이가 있는 가정에서는 아이에게 동물과의 교감을 경험해 주게 하고, 공연을 보여 주기 위한 목적으로 동물원을 방문합니다. 하지만 그 동물원에 사는 동물은 그다지 행복하지 않습니다. 특히 동물의 이동반경을 생각하지 않고 좁은 우리에 가두거나, 혹독한 훈련을 거쳐 사람들에게 공연을 보여주는 등의 이벤트를 여는 동물원이 여전히 많습니다.

그렇다고 동물원이 부정적인 면만 있는 것은 아닙니다. 서식지가 파괴되어 갈 곳을 잃은 동물에게 쉼터를 마련하고, 아픈 동물을 데려다 치료하여 다시 자연으로 돌려보내 주고, 멸종위기에 놓인 동물의 보호와 복원을 위해 노력하는 동물원도 있습니다. 동물원의 순기능을 잘 담당하고 있는 동물원이라 할 수 있습니다.

미국 캘리포니아 주의 샌디에이고 동물원은 무려 12만 평 넓이의 동물원으로 자이언트 판다 등 수많은 멸종위기 동물의 복원과 번식을 위해 노력하고 있습니다. 뉴질랜드의 웰링턴 동물원 역시 멸종위기에 놓인 수마트라 호랑이와 말레이 곰을 보호하고 있습니다. 또 다양한 기후환경에서 지내던 동물들을 수집해 비슷한 조건의 기후를 조성하고 자신들이 살고 있던 자연환경과 비슷하게 만들어 동물들이 그나마 덜 스트레스 받을 수 있게 조성한 동물원도 있습니다. 하지만 이 역시 최악의 상황은 아니지만 동물이 행복할 권리를 지켜주는지에 대한 의문은 남습니다. 멸종위기종을 보호하고 복원에 애쓰며 생물다양성까지 고려한 동물원, 그래서 진정한 인간과 자연의 공존이 어울리는 동물원의 모습이 궁금해집니다.

동물원이 동물에게도 필요한 장소이며 인간에게도 유익한 장소가 된다면 얼마나 좋을까요? 하지만 안타깝게도 우리나라에 그런 동물원은 찾아보기 힘듭니다. 동물을 진심으로 사랑한다면 굳이 동물은 동물원에서 봐야 된다는 고정관념은 버려도 될 것 같습니다. 그래서 지금의 자라나는 아이들은 조금 다른 시선으로 동물원을 바라보면 좋겠습니다. 야생의 습성을 가진 동물들이 자신들의 본능을 철저히 무시당한 채 우리 안에 갇혀 있는 장면을 보며 그저 신기해하는 것이 아니라 자연으로부터 멀어진 동물들의 가짜 삶을 생각할 수 있으면 좋겠습니다. 그렇게 누군가의 경제적

이득을 위해 동물을 가두는 기업이나 시설에는 가지 않는 선택을 하는 것이지요. 우리가 동물원을 방문할수록 동물원으로 잡혀들어오는 동물이 많아질 테니까요. 다행히 최근 동물 보호에 대한 관심이 높아지면서 동물들의 습성을 망가뜨리고 자유를 억압하는 동물원의 폐지에 대한 목소리가 높아지고 있습니다.

동물이 행복하지 않은 동물원, 그들의 자유를 뺏으며 뭇 인간이 즐거운 동물원은 생겨나지도 않고 우리도 방문하지 않으면 좋겠습니다. 지금 우리의 아이들은 동물의 불행과 나의 행복을 바꾸는 이기적인 아이들로 자라지 않으면 좋겠다는 바람이 있습니다.

2023년 1월, 일본 삿포로에 생태동물원이 있다고 하여 기대감을 가지고 방문했습니다. 브로셔의 광고와는 다르게 동물들의 생태환경에 맞지 않는 환경에서 살고 있는 동물들을 보면서 마음이 아팠습니다. 적어도 동물의 본성에 적합한 환경으로 개선해 주면 좋겠다는 후기를 남기고 돌아왔습니다.

딱딱한 시멘트 바닥에서 지내는 침팬지   빙빙 돌며 땅을 파던 하이에나

12월 4일은 야생동물 보호의 날입니다. 지구에 존재하는 육상 야생동물의 수는 생각보다 적습니다. 그런데 이들은 무분별한 숲 개간으로 서식지를 잃고 갑자기 생긴 도로에 로드킬을 당하기도 하며 때로는 인간의 유흥거리로 전락하기도 합니다. 생태전환교육을 통해 '동물원, 수족관'에 대한 인식을 바꾸고, 생명 보호라는 관점에서 길고양이를 보호하는 캠페인을 합니다.

돌고래의 쉼터, 바다   안다원

여름방학이 빨리 끝나길 손꼽아 기다렸다. 선생님으로부터 제주도 남방큰돌고래 이야기를 들어야 했기 때문이다. '이상한 변호사 우영우'가 인기를 끌면서 돌고래의 인기가 급부상했다. 물론 나도 고래를 좋아한다. 그중 돌고래는 귀여운 생김새에 사람에게 친숙한 동물이라 더 애정이 가는 동물이기도 하다. 드라마 속 주인공인 우영우는 아쿠아리움 데이트 대신 수족관 돌고래 해방 시위를 선택했다. 나는 이 장면을 처음 봤을 때 대수롭지 않게 넘겼는데 동물의 해방에 대해 늘 진심인 선생님의 생각은 좀 달랐던 것 같다.

"우영우 덕분에 사람들이 돌고래 해방에 대해 관심을 갖게 돼서 진짜 다행인 것 같아. 선생님이 정말 반성하는 것 중의 하나가 바로 동물 쇼, 공연을 보러 다녔던 거야. 안에 갇힌 동물들이 얼마나 많은 스트레스를 받는지를 알고 난 후부터는 다시는 가지 않겠다고 스스로 다짐했어."

선생님만큼이나 나도 동물에 관심이 많고 길고양이를 그냥 지나칠 수 없는 성격이라 덩달아 동물 해방에 관심을 가지기 시작했다.

제주도 바다, 고향으로 돌아가게 된 제돌이, 춘삼이, 삼팔이. 그리고 태산이와 복순이 등, 제주도에는 돌고래의 해방을 위해 목소리를 내고 바다 동물들이 안전하게 살 수 있도록 바다를 지키는 활동을 하는 '핫핑크돌핀스'가 있다. 알고 보니 우리 반 시우네는 '핫핑크돌핀스'를 오래전부터 알고 후원도 하고 있었다.

돌고래 공연장을 가본 적이 있나? 조련사의 휘슬에 돌고래는 원형 고리를 휙 통과하기도 하고, 높이 솟아올라 다이빙도 하고 무지개 공을 굴리기도 한다. 그렇게 멋진 쇼를 관객들에게 보여주면 보란 듯이 조련사는 먹이를 던져 주고 돌고래는 기분 좋게 받아먹는다.

나는 단 한 번도 이 장면을 보면서 돌고래가 불행할 거라는 생각을 해보지 않았다. 그저 내 눈에 신기하고 재밌고 귀여운 돌고래는 조련사와 척척 호흡이 잘 맞아 관객들에게 기쁨을 선물하는, 행복 그 자체였기 때문이다. 그런데 그 뒤에 가려진 진실은 달랐다. 출산하고도 3일을 채 쉬지 못하고 공연해야 하는 돌고래, 조련사가 원하는 동작을 해야만 먹이를 먹을 수 있고, 그마저도 사냥으로 잡은 신선한 생선이 아니라 냉동 생선을 먹는다.

맞다. 돌고래는 원래 바다를 헤엄쳐 다니며 무리 생활을 하고 신선한 생선을 사냥해서 먹는 동물이다. 공연장에서 아쿠아리움에서 만난 돌고래의 모습에 그게 이상하다고 생각하지 못했던 것이다. 나뿐만 아니라 다른 친구들도 그랬다. 돌고래가 사는 곳은 바다지만 공연장이나 아쿠아리움에서 만난 돌고래가 어색하지 않았던 건 그게 당연하다고 생각하게끔 배워 왔던 것이다. 너무나도 자연스럽게.

우리나라의 여러 동물원에서 이미 많은 돌고래가 죽어 나갔다고 한다. 수족관을 관리하는 사람들은 수족관은 안전하다고 한다. 늘 같은 수온을 유지하고, 먹이가 제공되고 조련사들이 돌보고 수의사가 항시 대기하고 있다고. 그런데 왜 그렇게 돌고래들이 빨리 죽어 나가는 것일까? 야생에서 살아가는 돌고래들이 좁은 수족관에 갇혀 스트레스를 견디지 못해 시달리기 때문이다. 돌고래는 사람으로 치면 5살 아이와 비슷한 지능을 가졌다고 한다. 자의식을 가진 동물. 거울에 비친 자기 모습을 알아차리고, 도구를 사용할 수 있는 동물이다. 그 말은 좁은 수족관에 갇혔을 때 바다라는 공간과는 다르다는 것과 그것이 자유롭지 못하다는 것을 인식할 수 있다는 것이다.

굳이 살아있는 야생동물을 인간의 이기심 때문에 공연장으로, 아쿠아리움으로 데려와야 할까? 바다에서는 40년을 사는 돌고래가 한국의 수족관에서는 겨우 4년밖에 살지 못한다는데, 법으로 금지되지 않는 이유는 무엇일까? 아직도 방류해야 하는 돌고래들이 우리나라 수족관에 많다고 한다. 나는 앞으로 아쿠아리움도, 돌고래쇼를 볼 수 있는 공연장에도 가지 않을 것이다. 그리고 당장 동물 해방을 위해 무언가를 할 수는 없지만, 주변의 친구들에게 그리고 어른들에게 수족관에 가지 말라고 이야기할 생각이다.

얼마 전 제주도 앞 바다에 방류되었던 태산이가 죽은 채로 발견되었다. 불법 포획되어 돌고래쇼에 동원되었던 태산이. 그랬던 태산이가 방류 후 약 7년을 제주도 바다에서 살다가 죽었다. 마지막을 바다에서 보낼 수 있었던 게 다행이라는 생각이 들었다.

또 하나, 남방큰돌고래의 쉼터인 제주도 바다에서 돌고래 관광산업을 하지 않으면 좋겠다. 돌고래 무리에 기어이 다가가 먹이를 주다 보면 배의 프로펠러에 돌고래의 지느러미가 잘리기도 한다. 이런 관광산업으로 돈을 벌고, 또 돈을 주고 가까이에서 돌고래를 보는 것 모두 법으로 금지할 수 있는 제도가 생기길 바랄 뿐이다.

> "고래에게 수족관은 감옥입니다. 좁은 수조에 갇혀 냉동 생선만 먹으며 휴일도 없이 1년 내내 쇼를 해야 하는 노예제도예요, 평균 수명이 40년인 돌고래들이 수족관에서는 겨우 4년밖에 살지 못합니다."

〈이상한 변호사 우영우〉 대사 중에서

오늘 우리는 공원으로 나가 목소리를 냈다. 사람들에게 동물원과 수족관을 가지 말아야 하는 이유에 대해 알리고 서명 받는 활동을 했다. 아이를 기르고 있는 많은 엄마, 아빠들이 이 사실을 알아 아이들을 데리고 가지 않으면 좋겠다고 생각했다. 서명 받고, 캠페인 활동을 하는 내내 진심으로 돌고래의 해방을 원하는 마음이 간절했다.

동물원·수족관에 가지 않기 캠페인 피켓

동물원·수족관에 가지 않기 캠페인에 서명 받는 모습

그린블리스

제주도 표선에 '그린블리스'라는 친환경 옷가게가 있습니다. 그린블리스는 야생동물을 보호하고 지구의 모든 자연을 보호하자는 의미를 담아 옷을 디자인합니다. 그리고 가게를 매일 같이 방문하는 길고양이에게 먹이와 쉼터도 제공해요. 가게 한편에는 비건 카페를 운영하며 자연, 동물, 지구와 관련된 도서를 전시해 놓았습니다. 가끔 제주도 학생들이 방문해 환경과 관련된 수업을 받기도 하고 자연과 동물을 위해 하는 단체나 모임에 장소를 제공해 주시기도 하죠. 모든 동물의 행복과 해방을 추구하고 인간과 동물의 진정한 평화를 바라는 그린블리스에서 『나는 동물원, 수족관에 가지 않겠습니다』라는 서명 책자를 지원받아 아이들과 함께 서명 캠페인을 진행했습니다.

제주 남방돌고래를 모티브로 한 탄소저감 티셔츠와 함께 운영하는 비건 북카페

길고양이도 우리의 이웃입니다.

"이대로 두면 죽을 것 같은데 어떡하지?"

집으로 돌아오는 길에 새끼 고양이를 발견했다. 너무 추운데 그대로 두었다간 꼼짝없이 죽게 생겨 마음이 쓰였다. 집에는 데려올 수 없고 그렇다고 눈이 마주친 고양이를 모른 척할 수도 없는 노릇이었다. 엄마가 계시지 않는 틈을 타 고양이를 몰래 집으로 데려갔다. 깨끗하게 목욕시키고 먹이를 주었다. 따뜻한 담요에 감싸 온기를 불어넣어 주었다. 그리고 다시 보온장치를 든든하게 해서 박스에 담아 제자리에 가져다 놓았다. 밤새 잠이 오지 않았다. 다음날 일찍 다시 그곳을 찾았다. 새끼고양이는 밤새 추웠는지 벌벌 떨고 있었고 먹이를 제대로 먹지 않았다. 선생님께 도움을 요청했고 학교로 데려갔다. 선생님은 새끼고양이의 항문을 자극해 마른 똥을 꺼내고 먹이도 주셨다. 길고양이를 늘 안타까워하는 선생님이기에 믿을 수 있었다.

"채영아, 생명을 돌본다는 건 엄청난 책임이 따르는 일이야. 지금 당장 이 새끼고양이가 너무 불쌍하고 안타까워 이렇게 데려왔지만 모든 길고양이를 이렇게 대할 수는 없는 일이야. 정말 끝까지 책임질 수 있다는 다짐이 섰을 때 이 고양이를 돌보는 게 맞는 일이야. 안타깝지만 서로를 위해서."라고 선생님이 말했다. 집으로 돌아가는 길에 다시 새끼고양이를 원래 있던 자리에 보금자리를 만들어 가져다 놓았다. 다음 날 새끼고양이는 무지개다리를 건넜다. 고작 3일 정을 줬을 뿐인데 미안한 마음과 죄책감이 들어 펑펑 울고 말았다.

오늘 우리는 학교 근처에 있는 길고양이들의 집을 마련하기 위해 모였다. 우리 동네는 원래 산과 논이 있던 시골 마을이었는데 최근 6년간 꾸준히 아파트와 건물들이 늘고 사람은 상상 이상으로 많이 늘었다. 아파트가 생기기 이전부터 이 동네를 돌며 살던 길고양이들은 서식지를 잃었음이 분명하다. 그러다 사람들이 사는 동네에 함께 살게 되었고 익숙하지 않은 환경에 적응하다 로드킬 당하는 길고양이, 사람에게 피해를 입는 길고양이들이 생겨났다. 물론 자꾸만 늘어나는 길고양이로 인해 통행에 불편함을 느끼는 사람들, 길고양이의 처지를 생각해 밥을 챙기는 사람들과 갈등을 일으키는 주민들이 있는 것도 알고 있다. 얼마 전 우리 동네에서도 길고양이를 위협해 죽음에 이르게 하는 사건이 발생했던 적도 있다. 하지만 나는 이미 세상에 태어나 생명을 가지고 있는 존재라면 그 누구도 함부로 해서는 안 된다는 생각이다. 사람들이 길고양이에게 거부감을 느끼지 않으면서 길고양이의 긍정적인 측면을 보여줄 수 있는 좋은 방법이 없을까?

얼마 전 선생님은 길고양이 돌봄 행사에 다녀왔다며 한 장의 사진을 보여주셨는데 거기엔 '길에서 태어났지만 우리의 이웃입니다.'라는 글과 고양이의 사진이 실려 있었다. 길고양이에 대한 인식이 많이 달라졌지만 아직도 여전히 길고양이에 대한 적대적 시선을 가진 사람들이 많은데, 이를 안타까워하는 김하연 작가님이 만든 길고양이 홍보 포스터라고 했다. 여기저기 포스터를 부착하고 사람들의 인식에 조금의 변화라도 일어나길 기대해 본다.

우리 동네 아주머니들이 이미 몇 개의 길고양이 집을 마련했지만 최근 새끼들이 태어나면서 집이 더 필요해졌다. 그래서 우리는 길고양이들의 집을 만들어주자는 의견이 나와 함께 모였다. 근처 아파트를 돌며 스티로폼 박스를 구했다. 깨끗하게 소독하고 문을 만들었다. 비를 막기 위해 조그맣게 지붕도 만들고 담요도 깔았다. 그리고 '고양이는 우리의 이웃'이라는 팻말도 만들었다. 사료통을 구해 길고양이들이 먹을 수 있게 하고 물통도 준비했다.

이제 고양이들이 있는 곳으로 가볼까? 우리 동네 길고양이들은 하나같이 사납지도 않고 순하고 예쁘다. 우리가 집을 들고 나타나니 관심을 가지고 숨어서 쳐다보는 녀석, 부리나케 도망가는 녀석, 아랑곳하지 않고 오히려 다가오는 녀석 등 다양한 성격의 길고양이들이 있었다. 집을 설치하고 먹이통을 놓아주었다. 우리가 한 발짝 멀찌감치 떨어져 있으니 관심 갖고 집에 들어갔다 나오기를 반복했다. 그러다 배가 고팠는지 여럿이 모여 사료를 먹기 시작했다. 오늘의 행동이 뿌듯한 순간이었다.

길에서 태어났지만 우리의 이웃, 길고양이. 하나의 소중한 생명으로 태어났으나 길에서 살아야 하는 운명이기에 힘들 수밖에 없다. 이런 고양이를 하나하나 다 돌볼 수는 없지만 오며 가며 밥을 챙겨 주는 일, 설치한 집을 가끔 들여다보는 일은 해야 할 것 같다.

길고양이 집을 만드는 모습   길고양이 집을 설치한 모습

Small Action Big Wave

🏛 **야생동물 보호의 날** 교실에서 아이들과 함께한다면

① 도서 『서로를 보다_동물들이 나누는 이야기』를 아이들과 함께 읽습니다.

② 한 동물, 한 동물의 이야기를 읽으며 동물들이 처한 상황을 이해합니다.

③ 동물원에서는 이루지 못하는 꿈을 그리는 동물들의 이야기를 읽습니다.

④ '내가 만약 동물원에 갇혀 있는 동물이라면 어떨까?'를 주제로 아이들과 이야기를 나누어 봅니다.

　　* 고학년은 '동물원은 존재해야 하는가?'에 대해 찬반토론을 하는 것도 좋습니다.

⑤ 동물원에서 동물들이 하는 이야기를 바탕으로 '동물들이 하고 싶은 말'이라는 주제를 정하고 동물의 그림을 그려 엽서를 만들어 봅니다.

⑥ '동물원, 수족관에 가지 않겠습니다.'를 주제로 포스터를 만들고 아이들과 함께 학교에서 서명 캠페인을 해 봅니다.

⑦ 야생의 동물로 태어나 인간과 공존할 수 있는 다양한 방법을 생각해 보는 시간을 가져보면 좋습니다.

🏠 야생동물 보호의 날 가정에서 아이와 함께한다면

◆ 길고양이 생각하기

① 길고양이도 소중한 생명임을 아이들이 알게 합니다.

② 길에서 태어나 사계절을 지내는 길고양이의 생활을 상상해 봅니다.

③ 길고양이에게 친절한 이웃이 되고 싶다는 생각이 들면 아주 간단한 방법
   으로 집을 만들어 봅니다.

   * 유튜브에 다양한 방법이 나와 있으니 적당한 영상을 참고하세요.

④ 아이와 함께 만들고 아이의 글씨로 '길고양이는 우리의 이웃입니다.'라고
   적게 합니다.

⑤ 길고양이가 많이 다니는 길을 찾아 집, 사료. 깨끗한 물을 둡니다.

⑥ 길고양이의 안녕을 함께 기대합니다.

◆ 동물원 · 수족관에 대해 생각하기

① 동물원, 수족관에서 제 수명을 다하지 못하고 살아가는 동물의 입장을
   생각해 봅니다.

② 지금까지 이러한 사실을 알지 못해서 동물원과 수족관을 방문했다면, 앞
   으로는 가지 않겠다는 약속을 아이와 부모님이 함께 합니다.

③ 야생의 동물들은 야생의 본능을 가지고 살아갈 때 가장 행복하다는 것을
   아이들이 인식하게 도와줍니다.

📖 함께 읽으면 좋은 환경 도서

서로를 보다
윤여림 글, 이유정 그림 (낮은산)

동물원 우리를 사이에 두고 동물과 인간이 서로를 바라보며 나눈 대화를 통해, 자기다운 삶에 대해 생각해 보게 한다.

긴긴밤
루리 글 · 그림 (문학동네)

코뿔소 노든과 어린 펭귄. 동물들끼리의 사랑과 연대를 통해 인간의 모습을 돌아보게 한다.

어디에든 우리가 있어
김혜정 글 · 그림 (리리)

사라져가는 것들, 그리고 존재하지만 마치 사라진 것처럼 인식된 소중한 생명들이 하는 이야기이다.

지금 우리가 할 수 있는 일

2020년 1월 발리에서 한국으로 돌아오는 비행기 탑승 전 마스크 착용에 대한 안내를 받았습니다. 그리고 한 달이 채 지나지 않아 전 세계는 코로나19 전쟁이 시작되었습니다. 코로나19는 모든 사람의 일상생활을 불가능하게 만들었고, 최재천 박사님의 강의를 듣고 기후변화가 가져 온 지구 온난화, 기온 상승과 전염병은 깊은 관계가 있다는 것을 알게 되었습니다.

기후변화, 기후위기, 기후재앙은 어딜 가나 빠지지 않는 대화 주제의 1순위가 되었고 '이러다 지구가 망하는 거 아냐?'라는 말을 자주 듣게 되었습니다. 얼마간 '기후 우울증'을 앓았던 것도 사실입니다. 하지만 '어쩔 수 없는 일이야.'라며 체념하고 있을 수만은 없었습니다. 두 아이의 엄마이자 아이들을 교육하는 한 사람으로서 기후위기에 대해 정확하게 알고, 기후위기에 적응함과 동시에 임계점 1.5도를 넘지 않기 위해 무엇이라도 해야 했습니다. 다음 세대의 아이들에게 완전히 망쳐버린 지구를 물려줘서는 안 된다고 생각했기에 머물러 있을 수만은 없었습니다. 한때 잠시나마 내가 누렸던 자연으로부터의 행복, 지구를 걱정하지 않던 어린 시절을 떠올리며 지금의 아이들에게, 미래를 책임져야 할 다음 세대에게 다정한 지구를 안겨 주고 싶다는 간절함이 생겼습니다.

매년 27명 정도의 아이들과 함께 시간을 보냅니다. 1년이라는 시간 동안 한 공간에서 함께 배우고 성장하고 있습니다. 만 3년 간 교실에서 시작한 '열두 달 환경 이야기' 교육은 아이들이 스스로 지구를 사랑하는 마음을 다지고, 작지만 확실한 행동을 할 수 있는 원동력이 되었습니다.

처음 시작할 때만 해도 '과연 초등학교 4학년 아이들이 지구의 사정을, 인간으로 인한 기후변화를, 생태계의 파괴를, 동물의 서식지 감소로 인한 생태계의 위기를 이해할 수 있을까?' 하고 걱정했습니다. 그러던 어느 날 한 아이가 이렇게 말합니다.

"선생님, 전 아직 11살이에요. 꿈도 있고 하고 싶은 일이 너무 많은데 지구가 망하면 어쩌죠?"

여기저기 기후위기에 대한 소식을 많이 가감 없이 접하다 보니 마치 지구가 멸망할 것이라고 생각했나 봅니다.

"생각보다 우리가 할 수 있는 일이 많아. 게다가 너는 아직 어리고 성장하면서 어떤 사람이 될지 모르잖아? 지구를 사랑하는 방법을 잘 알고 이 다음에 어느 자리에 있을 때, 무언가를 결정할 수 있는 위치에 있을 때 꼭 지구를 지키는 방식으로 삶을 누리는 방법을 선택하면 돼. 그래서 환경교육이 꼭 필요하지."

아이들은 하나같이 즐겁게 환경을 공부하고, 작지만 꼭 필요한 일을 하기 시작했습니다. '설마 이렇게 어린아이들이 할 수 있을까?' 하고 걱정했던 일들을 아이들은 해냈습니다. 이유는 다 같습니다. 지구를 지켜야 하니까. 감수성이 풍부한 아이들에게 환경감수성을 심어 주고 생태감수성이 자라나도록 노력했습니다. 그리고 지금의 문제는 온 세계의 사람들이 함께 움직여야 가능한 지구적인 문제임을, 인류애가 필요한 일임을 알려 주었습니다.

작게는 전기를 아껴 쓰고, 일회용품 사용을 줄이며, 물티슈 대신에 걸레와 손수건을 사용하는 실천에서부터, 크게는 지역 주민들을 향해 기후 행동에 동참해 달라 목소리를 내고 기업과 공공기관에 의견을 내는 등 지금 할 수 있는 일을 매일 하였습니다. 아이들은 가정으로 돌아가 부모님을 움직였고, 지역의 주민들을 움직였으며, 기업을, 공공기관을 움직였습니다. 아이들이었기에 가능했습니다. 오로지 지구를 사랑하는 마음, 그리고 아이들을 위해 아름다운 지구를 물려달라는 간절한 소망이 이 모든 것을 가능하게 했습니다. 지속가능한 지구를 위해, 지속가능한 방식을 선택할 수 있는 지혜를 아이들은 경험했고, 앞으로도 아이들은 꾸준히 지켜 나갈 것입니다.

늦었지만 지금이라도 가만히 그 속도를 멈추고 지구의 호흡을 들어야 합니다. 적어도 한 세대는 가만히 그 속도를 멈추고 지구의 소리를 들어야 합니다. 자연과 인간이 조화롭게 공존하는 시대가 다시 오길 소망하면서요. 우리 세대에 남겨진 가장 큰 과제는 무엇일까요? 바로 지금 우리의 아이들이, 다음 세대가 이 지구를 얼마나 사랑하는지 깨닫고, 이들이 이전과는 다른 방식으로 새로운 풍요를 모색할 수 있도록 돕는 일입니다.

엄마의 자리에서, 교사의 위치에서 할 수 있는 일은 이전과는 조금 다른 환경교육을 하는 일이었습니다. 가만히 앉아 눈으로 보고 귀로 듣는 교육이 아니라 행동하는 아이들로 성장할 수 있는 환경교육이 그것입니다. 지구 전체를 둘러싼 모든 것들과 조화롭게 공존할 수 있는 방법을 배우는 쓸모 있는 환경교육, 생태전환을 꿈꾸며 노력하는 아이로 자라도록 밑거름이 되는 환경교육을 앞으로도 꾸준히 이어 나가겠습니다.

마지막으로 엄마의 환경교육을 응원하고 여행 중에도 줍깅, 비치코밍, 다회용기 사용하기, 할 수만 있다면 비건 메뉴를 선택하며 자연에게 감사할 줄 알고 그 안에 살아가는 수많은 생명의 소중함을 함께 배워 가는 두 아들 한율·한결에게, 그리고 자연으로부터의 풍요를 누리는 마음을 물려준 부모님께 고마운 마음을 전합니다.

따뜻하고 다정한 지구를
오래도록 바라는 마음으로

- 생명과 손잡기 마틸드 파리 글, 마리옹 티그레아 그림 주니어RHK

- 생태적 전환, 슬기로운 지구 생활을 위하여 최재천 글 김영사

- 서로를 보다 윤여림 글, 이유정 그림 낮은산

- 선생님, 채식이 뭐예요? 박병상 글, 홍윤표 그림 철수와영희

- 세상에 무해한 사람이 되고 싶어 허유정 글 뜻밖

- 소원 박혜선 글, 이수연 그림 발견·키즈엠

- 숲에서 태어나 길 위에 서다 우동걸 지음 책공장더불어

- 식량 위기에서 인류를 구할 미래 식량 박열음 글, 원정민 그림 뭉치

- 식량이 문제야 이지유 글 위즈덤하우스

- 쓰레기는 쓰레기가 아니다 게르다 라이트 글·그림 위즈덤하우스

- 쓰레기책 이동학 글 오도스

- 얘들아, 기후가 위험해! 닐 레이튼 글·그림 재능교육

- 어디에든 우리가 있어 김혜정 글·그림 리리

- 열네 마리 늑대 캐서린 바르 글, 제니 데스몬드 그림 상수리

- 열두 달 한뼘 텃밭 느림 글·그림 보리

- 우리는 모두 그레타 발렌티나 잔넬라 글, 마누엘라 마라찌 그림 생각의힘

- 우린 일회용이 아니니까 고금숙 글 슬로비

- 이토록 불편한 고기 크리스토프 드뢰서 글, 노라 코에넨베르크 그림 그레이트북스

- 인류세: 인간의 시대 최평순, EBS 다큐프라임 〈인류세〉 제작팀 글 해나무

저자 임성화

지구적으로 생각하고 지역적으로 행동하는 인류애를 가진 미래의 아이들을 꿈꾸는 초등학교 교사다. 미래의 아이들이 지금보다 더 나은 지구를 살아갈 수 있길 바라고 소망한다. 인간과 자연의 공존만이 푸른별 지구를 원상태로 돌려 놓을 유일한 길이며, 교실에서 시작하는 열두 달 생태전환교육이 그 시작점이 라고 생각한다. 4년째 지구를 구하는 환경교육에 푹 빠져 교실의 아이들과 함 께 열정적으로 달리고 있다. 현재, 경남 창원 용남초등학교에 재직하며 생태전 환교육의 확대에 몰두하고 있다.

환경교육 전문가로서 국회에서 '대한민국 녹색상'을 수상하였으며, 경남교육 청 기후천사단 환경동아리 운영으로 '기상청장상', '환경부장관상', '교육부장 관상'을, 환경·지속가능발전교육 유공교원으로 '교육부장관표창'을 수상하 였다. '열두 달 환경이야기'라는 주제로 다수의 강의를 하고 있으며, 관련 기사 및 뉴스에 출연하였다. 공저로 『지구를 구하는 수업』이 있다.

이토록 멋진 지구의 아이들

초 판 발 행	2024년 03월 15일 (인쇄 2024년 02월 20일)
발 행 인	박영일
책 임 편 집	이해욱
저 자	임성화
편 집 진 행	권민서
표지디자인	조혜령
편집디자인	임아람, 채현주
발 행 처	시대인
공 급 처	(주)시대고시기획
출 판 등 록	제 10-1521호
주 소	서울시 마포구 큰우물로 75 [도화동 538 성지 B/D] 9F
전 화	1600-3600
팩 스	02-701-8823
홈 페 이 지	www.sdedu.co.kr

I S B N	979-11-383-6695-3 (03370)
정 가	19,000원

'시대인'은 종합교육그룹 '(주)시대고시기획 · 시대교육'의 단행본 브랜드입니다.